Obedience-Training Schritt für Schritt

Mit positiven Methoden zum Turniererfolg

Imke Niewöhner

KYNOS VERLAG

Am Remelsbach 30 • D-54570 Mürlenbach/Eifel
Telefon: 06594/653 • Telefax: 06594/452
Internet: http://www.kynos-verlag.de

Fotos Titelbild, Seiten 5, 34, 39, 40, 107, 120, 126, 136, 138 und Nachsatz: Henrik Jensen
Alle anderen Fotos: Imke Niewöhner

Gesamtherstellung: Printfinder SIA, Riga, Lettland

ISBN-13: 987-3-938071-17-5
ISBN-10: 3-938071-17-6

Inhaltsverzeichnis

Inhaltsverzeichnis

Inhaltsverzeichnis

Vorwort

Obedience: Wer diesen Sport zum ersten Mal sieht, ist meistens sprachlos. Es wirkt wie ein geheimnisvolles Ritual: Die Hunde tun Dinge, von denen man nicht zu denken wagt, dass auch das eigene, gerade selig auf dem Sofa schnarchende Exemplar zu so etwas in der Lage sein könnte.

Mensch und Hund ein perfektes Team, eine absolute Einheit. Ja, das ist es, was Sie wollen!

Nur: Wie machen Sie das dem haarigen Partner Ihres Teams begreiflich?

Mit diesem Buch können Sie gleich einsteigen. Für jede Übung der deutschen Prüfungsordnung sind jeweils mehrere Trainingsmöglichkeiten und auch deren Vor- und Nachteile beschrieben. Bei den unterschiedlichen Ansätzen mit und ohne Clicker, aber immer ohne Druck, findet jedes Team seine Lösung.

Das Besondere an diesem Buch ist das Talent der Autorin, Abläufe anschaulich und nachvollziehbar zu beschreiben. Alles sieht mit einem Mal so logisch und einfach aus.

Ob Sie nun nach Titeln und Siegen streben oder nur eine Beschäftigung für sich und Ihren Hund suchen: Obedience macht Spaß, und genau der wird hier vermittelt. Es ist eine »Denksportart«, wie es die Autorin so schön formuliert.

Als ich das noch nicht gedruckte Manuskript in den Händen hielt, habe ich Teile davon sofort in mein Training eingebaut und war erst einmal fein raus.

Nun können auch Sie es endlich lesen und die Chancengleichheit ist wieder gewahrt.

Heike Westermann
Hundebuch-Newsletter »cairn-energie«

Einleitung

Dieses Buch soll Ideen und Hilfen zum Obedience-Training geben.

Dabei habe ich versucht, zu den jeweiligen Übungen verschiedene Trainingsideen zu geben, die ich selbst im Laufe der Zeit, in der ich nun schon Obedience trainiere und unterrichte, kennen gelernt, gesehen und ausprobiert habe. Es handelt sich also um eine Sammlung verschiedener Ansätze, denn seien Sie sich immer bewusst: DIE allgemeingültige Methode gibt es nicht.

Wenn der eigene Hund mit einer bestimmten Methode die Übung perfekt erlernt hat, muss das beim nächsten Hund nicht zwingend ebenso funktionieren.

Deshalb gibt es immer mehrere Vorschläge, die ich ohne Wertung beschreiben möchte. Finden Sie selbst heraus, welche Methode oder welche Kombination aus Methoden für Ihren eigenen Hund das optimale Ergebnis bringt.

Eine Einschränkung gibt es aber: Ich beschränke mich in meinen Empfehlungen auf Methoden, die ohne Zwang, Strafe und körperliche Manipulation des Hundes auskommen. Es mag Menschen geben, die mit solchen Methoden zum Erfolg kommen, ich lehne sie jedoch aus ethischen Gründen ab. Für mich ist der Hund ein Lebewesen, ein Familienmitglied, welchem ich Liebe und Respekt zukommen lassen will. Eine fröhliche und stressfreie, entspannte Arbeitsweise ist mit Zwangsmethoden nicht zu erreichen.

Egal, ob Sie Turnierambitionen haben oder nur eine Beschäftigungsidee suchen: Trainieren Sie Ihren Hund einfach so, als wollten Sie einmal bei einer Prüfung starten. Gerade in dem Versuch, Perfektion in der Harmonie mit dem Hund zu erreichen, besteht doch der Reiz dieser Sportart! Lassen Sie das Hirn Ihres Hundes ruhig etwas rauchen!

Teil A – Grundlegende Dinge

1

Was ist Obedience und für wen ist es geeignet?

Da Sie bereits dieses Buch lesen, haben Sie sicherlich schon einige Informationen über diese faszinierende Sportart gesammelt. Trotzdem möchte ich für Einsteiger noch einmal kurz erklären, worum es geht.

Obedience heißt übersetzt zwar »Gehorsam«, aber es ist viel mehr als das. Das Mensch-Hund-Team soll in freudiger Perfektion verschiedene Aufgaben absolvieren. Dabei liebe ich vor allem die Harmonie und das Gefühl der Zusammengehörigkeit mit meinem Hund.

Es ist mehr als sturer Gehorsam, es ist eine Denksportart, die auch einen Gymnastikanteil hat, denn die Körperbeherrschung, die dem Hund abverlangt wird, ist enorm.

Ein großer Teil der Aufgaben im Obedience besteht aus Fußarbeit, die meines Erachtens wie ein gigantischer Trick ist. Denn perfekte Fußarbeit erfordert viele Jahre Training und immer wieder findet man eine Ecke, an der man noch feilen kann. Auch das Dirigieren des Hundes auf Distanz, Apportieren, Distanzkontrolle der Positionen Sitz, Platz und Steh spielen eine große Rolle. Doch dazu später mehr in der Beschreibung der Übungen.

Das Schöne am Obedience ist, dass jeder Hund es betreiben kann, egal welchen Alters oder welcher Rasse. Auch für gelenkkranke Hunde eignet es sich, da außer dem Sprung über die Hürde keine Belastung gegeben ist.

Auf Prüfungen habe ich bereits Richter gesehen, die für sehr alte oder an HD erkrankte Hunde die Sprunghöhe der Hürde niedriger eingestellt haben.

Natürlich ist es einfacher, mit Hunderassen zu arbeiten, die eine riesige Arbeitsfreude mitbringen, wie zum Beispiel Border Collies, Aussies, Belgische Schäferhunde oder Retriever aus Arbeitslinien. Aber zurzeit sieht man auf den Prüfungen in Deutschland immer eine schöne Mischung aus verschiedenen Rassen, was wohl beweist, dass jeder Erfolge erzielen kann.

Vielleicht wird ein Bernhardiner nie so enthusiastisch und leichtfüßig wirken wie der Border Collie, aber den-

Was ist Obedience und für wen ist es geeignet?

Schon im Welpenalter können Sie Obedience trainieren.

noch kann die Arbeit dem Hund Spaß machen, und das sollte immer das Wichtigste bleiben.

Obedience kann man mit dem Hund schon ab einem Alter von acht Wochen trainieren. Gerade der Blickkontakt und das korrekte bei Fuß sitzen sind einfache Aufgaben, die jeder Welpe lernen kann. Natürlich müssen die Übungszeiten sehr kurz bleiben, aber gerade für Arbeitshunderassen bietet Obedience eine schöne Beschäftigungsmöglichkeit im ersten Lebensjahr, in dem man sie körperlich und psychisch noch nicht mit schnelleren und stressigeren Sportarten wie z.B. Agility, Disc Dogging oder Breitensport belasten will.

2

Lernen ist alles – Von der Pike auf mit Motivation dabei

Um ein Grundwissen zur Lerntheorie kommt niemand vorbei, der mit seinem Hund arbeiten möchte (genau genommen auch niemand, der auch nur einen Hund besitzt). Egal welches Kommando der Hund befolgen soll: Er muss erst dessen Bedeutung erlernen. Das gilt für Alltagsdinge ebenso, wie für Tricks und Obedience-Aufgaben. Dabei spielen viele Faktoren eine Rolle.

Ungünstig aus Sicht des Hundehalters ist, dass der Hund immer etwas lernt – egal, ob der Hundhalter sich dessen gerade bewusst ist oder nicht. Deshalb ist es gut, einige Grundregeln des Lernens zu kennen, um Verhaltensweisen des Hundes besser zu verstehen.

DIE MOTIVATION: DER ANREIZ FÜR JEDES HANDELN

Hunde sind Egoisten: Sie tun das, was sich für sie lohnt (also ihren Bedarf an wichtigen Dingen deckt) oder Schaden vermeidet. Wichtige Dinge für einen Hund sind zum Beispiel Futter, Sexualpartner, Spiel, Zuneigung. Davon lassen sich einige Dinge besser kontrollieren als andere. Sie können Ihren Hund aus dem Napf füttern oder ihm einen Teil seiner Futterration für verschiedene Aufgaben als Belohnung anbieten. Sie können ihm Spiel und Streicheln als Belohnung bieten, wobei viele Hunde während der »Arbeit«, also während sie sich konzentrieren, eher unzugänglich sind für körperliche Zuneigung wie Streicheln. Gerade in der Grundstellung wollen viele Hundeführer den Hund streicheln, die meisten Hunde fühlen sich jedoch durch den von oben herabkommenden Hundeführer eher bedroht als belohnt. Meist zeigen sie deutliche Beschwichtigungssignale, indem sie z.B. den Kopf wegdrehen, sich über die Nase lecken und blinzeln (siehe weiterführende Literatur).

Beschränken Sie sich im Training lieber auf Futter und Spielzeug als Motivation und Belohnung und vermeiden Sie »körperliche Belohnung« im Training.

Freundliches Stimmlob hat für viele Hunde durch die häufige Kopplung mit Futter oder Spiel eine sehr positive Bedeutung und kann gut genutzt werden, um den Hund zu motivieren.

Fehlt die Motivation für ein Tun, wird es schwer sein, den Hund zu einem gewollten Handeln zu bekommen. Nur ein Hund, der die Belohnung auch als solche ansieht, wird bereit sein, dafür eine Leistung zu bringen. Lernen über Belohnung stellt für den Hund einen Erfolg dar und führt dazu, dass er sich gut fühlt, Spaß hat und gerne mitarbeitet. Jeder Hund kann lernen, sich für Futter motivieren zu lassen, wenn das »Verschenken« von Futter, also das Füttern aus dem Napf, komplett eingestellt wird und der Hund dafür arbeiten muss.

LERNEN AUS REAKTIONEN DER UMWELT

(also auch denen des Hundeführers)
Die Umwelt kann den Hund auf verschiedene Art beeinflussen. Das können Dinge sein, die zufällig passieren, aber auch die, die wir dem Hund aktiv bieten können. Je nach Reaktion der Umwelt auf ein Handeln, wird der Hund sein Verhalten in Zukunft ändern, es kann häufiger auftreten oder seltener werden.

Wenn ein Verhalten zu einem guten Effekt für den Hund führt, wir ihn also belohnen, wird er das belohnte Verhalten in Zukunft wieder zeigen. Über diese Art des Feedbacks lernt ein Hund sehr schnell und sehr stressfrei. Wir belohnen den Hund also für das, was wir von ihm möchten (positive Bestärkung). Als Belohnung setzt man am einfachsten Spielzeug oder Futter ein, je nach Hund kann es aber auch wichtig sein, kreativere Belohnungen aufzubringen, wie zum Beispiel die Erlaubnis etwas zu tun, das Spaß macht – Mäuse jagen, schnüffeln, über etwas klettern und so weiter.

Die Motivation bestimmt das Handeln

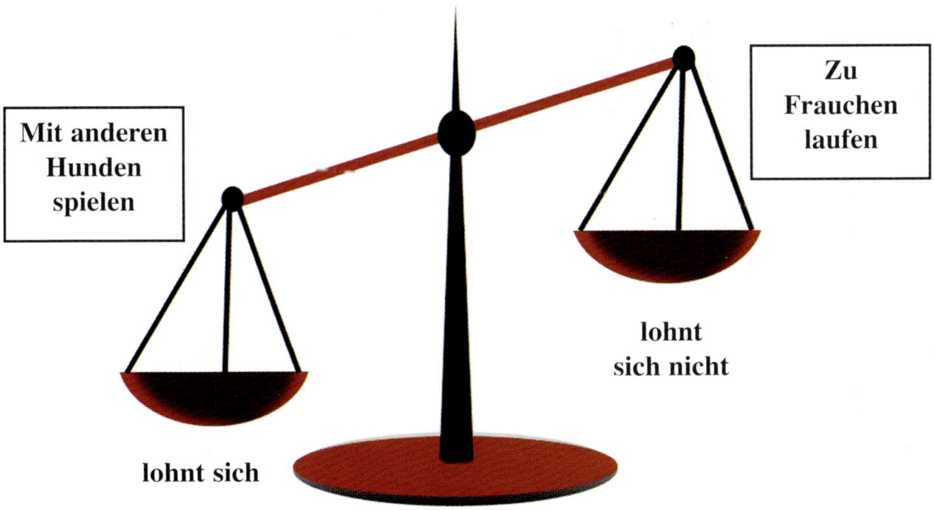

Dabei kann ein Hund eine Handlung nur dann mit der Belohnung verknüpfen, wenn die Zeit zwischen dem gezeigten Verhalten und der Belohnung 1-2 Sekunden lang ist. Diese so genannte Assoziationszeit ist wichtig für unser Training! Beim Thema Timing komme ich darauf zurück.

Es ist auch möglich, einen Hund über das Entfernen von unangenehmen Reizen zu einem bestimmten Verhalten zu bekommen. Die bekanntesten Beispiele stellen wohl das immer noch übliche Ins-Platz-Drücken oder Ziehen des Hundes dar. Dabei wird zum Beispiel auf die Leine getreten, so dass für den Hund ein Schmerz am Hals entsteht. Zugleich wird das Kommando »Platz« gegeben. Dem Schmerz nachgebend legt sich der Hund hin und der Schmerz lässt nach. Diese Form der Ausbildung stellt Stress für den Hund dar und ist in meinen Augen denkbar ungeeignet.

Das Abstellen von unerwünschten Verhaltensweisen soll nicht Thema dieses Buches sein, hier geht es nur um das Erlernen von neuen Verhaltensketten, die der Hund freudig und mit Spaß erlernen soll. Genauere Information zum Lernverhalten von Hunden finden Sie in den im Anhang empfohlenen Büchern.

WARUM OHNE ZWANG UND MANIPULATION?

Aus Strafe im Sinne von herkömmlicher Hundeausbildung kann der Hund nur sehr wenig lernen. Gerade beim Neuerlernen von Kommandos hat Strafe (also das Setzen eines negativen Reizes, um das Verhalten zu unterbinden und zu vermeiden) in der Ausbildung nichts verloren, sie verunsichert den Hund unnötig. Der Hund muss lernen, welches Verhalten er zeigen soll. Das kann er aber nicht, wenn man ihm nur zeigt, was falsch ist. Das Arbeiten über Strafe ist für den Hund sehr frustrierend und stressig und wird jede Arbeitsfreude zerstören.

Das gleiche Problem stellt körperliche Manipulation des Hundes dar. Ein Beispiel dafür ist das Heranziehen des Hundes in der Grundposition, wenn der Hund schief sitzt. Der Hund kann aus solchen passiven Handlungen nicht lernen. Stellen Sie sich vor, Sie spielen Tennis und der Tennislehrer führt jedes

So nicht: Der Hund soll weder geschubst noch gezogen werden. Cayuga zeigt deutlich, dass ihr die Berührung sehr unangenehm ist.

Mal Ihren Arm zum Aufschlag. So können Sie den richtigen Bewegungsablauf nicht lernen. Außerdem finden Hunde in diesen Situationen körperliche Nähe geradezu scheußlich und kommen schnell in ein Meideverhalten, was das Gegenteil hervorbringt von dem, was wir uns eigentlich wünschen.

Mein klarer Tipp für das Training lautet also:

Hands off!

Das bedeutet: Alles Arbeiten geschieht, ohne den Hund jemals zu berühren oder mit der Leine zu »lenken« oder gar mit Leinenrucks zu korrigieren.

TIMING IST ALLES – WOZU DER CLICKER?

Wie bereits zuvor erwähnt, muss die Belohnung 1-2 Sekunden nach dem gewünschten Verhalten kommen. Das stellt eine große Schwierigkeit dar, wenn man ohne Futter oder Spielzeug in der Hand arbeiten möchte. Da in einer Prüfung keines von beidem erlaubt ist, ist es besser, auch im Training so selten wie möglich mit Futter in der Hand zu arbeiten.

Um dem Hund präzise zeigen zu können, was wir genau von ihm möchten, brauchen wir einen Marker für richtiges Verhalten. Dazu bietet sich der Clicker an. Dabei handelt es sich um einen kleinen Kasten, ähnlich wie ein Knackfrosch, der ein klickendes Geräusch macht, wenn man darauf drückt. Man kann auch ein kurzes und präzises Wort nehmen, meine Erfahrung ist jedoch, dass man mit einem »Instrument« wesentlich aktiver und bewusster umgeht als mit einem Wort, deswegen empfehle ich die Arbeit mit dem Clicker. Ich werde auch die Übungen alle mit Clicker erklären. Wer sich gegen den Clicker entscheidet, möge ein Markerwort an dessen Stelle setzen. Bedenken Sie jedoch, dass der Clicker immer ein neutrales Geräusch darstellt, während ein Wort immer auch Ihre Stimmungslage beinhaltet, was wiederum für den Hund ein Problem darstellen kann. Das Clickgeräusch klingt immer gleich, egal wie Sie sich fühlen.

Um dem Clicker eine Bedeutung zu geben, muss der Hund erst auf ihn konditioniert werden. Dabei macht man sich eine Art des Lernens zu nutze, die schnell geht und im Alltag oft automatisch passiert, ohne dass man es bemerkt: Die klassische Konditionierung. Dabei wird ein Reiz, der eigentlich keine Bedeutung hat (in diesem Fall das Clickgeräusch) mit einem Reiz verknüpft, der eine Bedeutung hat (in diesem Fall Futter, Spielzeug, etwas Selbstbelohnendes). Dadurch wird der Click eine feste Ankündigung für »jetzt kommt etwas Tolles«.

Dazu nehmen Sie den Hund, einige Leckerchen in eine Hand und den Clicker in die andere Hand. Nun clicken Sie und geben dem Hund binnen einer Sekunde ein Leckerchen (am besten weiche, die er sofort schlucken kann). Dabei ist wichtig, dass erst der Click kommt und dann die Hand mit dem Futter zum Hund geht. Am besten halten Sie die Hand mit dem Futter zuvor hinter dem Rücken. Schon nach wenigen Wiederholungen werden Sie nach dem Click einen gierigen Blick bemerken, der »Wo bleibt mein Futter?« fragt. Nun können Sie mit dem Clicker arbeiten.

Beim Üben wird dem Hund richtiges Verhalten mit dem Clicker angezeigt. Das bedeutet, dass Sie genau in dem Augenblick clicken, in dem der Hund gerade das Richtige tut. Stellen Sie sich vor, Sie machen ein Foto in dem Augenblick, in dem Sie auf den Clicker drücken. Auf dem Foto soll dann der Hund zu sehen sein, wie er das Richtige tut. Wie genau Sie diesen Zeitpunkt treffen, nennt man Timing. Um Ihr Timing zu verbessern, können Sie ein paar Trockenübungen machen, aber bitte ohne den Hund, um diesen nicht zu verwirren. Setzen Sie sich vor den eingeschalteten Fernseher und clicken immer, wenn Sie die Farbe Gelb sehen. Klappt das gut, erschweren Sie die Aufgabe und clicken immer dann, wenn jemand seinen linken Arm bewegt. So können Sie lernen, etwas, das Sie sehen, wahrzunehmen und aktiv anzuclicken. Diese Handlung muss nämlich erst erlernt und verfeinert werden.

Wichtig ist für den Hund, dass er nach jedem Click eine Belohnung bekommt. Das kann eben ein Spielzeug sein, ein Spiel mit Ihnen oder Futter. Ich arbeite oft und gern mit Futterbelohnung, weil der Hund sie runterschluckt und ich sofort weiterüben kann.

Stellen Sie sich vor, Sie machen ein Foto in dem Augenblick, in dem Sie auf den Clicker drücken. Auf dem Foto soll dann der Hund zu sehen sein, wie er das gewünschte Verhalten zeigt.

Nun können Sie den Clicker natürlich im »normalen« Training einsetzen, indem Sie dem Hund z.B. ein bekanntes Kommando geben und clicken, wenn er dieses befolgt. Der Clicker bietet aber auch vollkommen neue

Möglichkeiten. Sie können Verhalten formen, das nennt man mit dem englischen Fachbegriff »Shaping« oder eben deutsch einfach »Formen«. Das Formen verläuft nach einem ähnlichen Prinzip wie das Spiel Topfschlagen: Sie haben eine genaue Vorstellung davon, welches Verhalten Sie am Ende haben wollen (wo der Topf steht), aber Ihr Hund hat noch keine Idee (er trägt die Augenbinde). Sie müssen ihn also mit dem Clicker (»warm«, »heiß«) zum richtigen Verhalten lenken. Dabei zerlegen Sie sich im Kopf die Endhandlung in kleinste Schritte und clicken am Anfang die kleinsten Schritte an. Erst langsam steigern Sie den Anspruch.

Eine einfache Grundübung, die Sie mit Ihrem Hund machen können, um ihn zum aktiven Anbieten mehrerer Verhaltensweisen zu überreden, ist das Berühren eines Targetsticks. Das ist ein ausziehbarer Stab, der eine etwas verdickte, andersfarbige Spitze hat. So etwas können Sie im Internet bestellen oder aus einer alten Antenne selbst bauen (Korken oder Ping Pong Ball am oberen Ende befestigen). Alternativ leistet auch eine Fliegenklatsche gute Dienste.

Halten Sie den Targetstick in die Nähe der Hundenase und bewegen ihn langsam. Aus Neugier wird der Hund ihn meist sofort anstupsen. Treffen Sie diesen ersten Versuch unbedingt mit einem Click! Anschließend wird es wahrscheinlich schwieriger. Sie müssen jeden kleinsten Blick in Richtung

Click für den Blick zum Target.

Click für die Bewegung zum Target.

Die Situation ist vergleichbar mit einer unbekannten Gegend, in der Sie ein bestimmtes Haus finden sollen: Als Beifahrer werden Sie sich viel weniger von der Fahrtstrecke merken und Sie werden den Weg sehr oft als Beifahrer mitfahren müssen, bis Sie ihn alleine finden würden. Das ist vergleichbar mit dem Locken des Hundes. Müssen Sie den Weg jedoch selbst auf einer

Landkarte suchen und eigenständig finden, werden Sie ihn viel besser kennen und das Haus beim nächsten Mal sofort finden. Das ist vergleichbar mit dem Lernen durch Formen (Shaping).

In diesem Buch beschreibe ich zwar immer auch Methoden, mit denen der Hund gelockt wird, meine bevorzugte Methode ist und bleibt jedoch das Formen.

Targetstick anclicken, bis der Hund immer mehr Interesse zeigt und den Targetstick mit der Nase berührt, ihm schließlich sogar folgt wenn Sie ihn bewegen. Das ist ein Nasentarget, wir werden später auch noch mit einem Pfotentarget arbeiten.

Machen Sie viele Kreativitätsaufgaben mit dem Hund, denn je mehr Verhalten Ihr Hund freiwillig anbietet, desto leichter haben Sie es später im Training. Wichtig ist beim Formen, dass man nichts sagt. Der Hund soll selbstständig und ohne Hilfe das gewünschte Verhalten anbieten. Verhalten, das der Hund sich auf diese Art erarbeitet, sitzt viel fester im Gedächtnis, als ein Verhalten, in das man den Hund gelockt oder sogar gezwungen hat.

3

Wichtiges zum Training

AUSRÜSTUNG FÜR DAS TRAINING

Als Erstes ein paar Worte zur Kleidung. Am besten eignet sich Kleidung, die nicht zu weit ist. Achten Sie darauf, dass Ihrem Hund keine Bänder Ihrer Jacke oder ähnliches ins Gesicht hängen. Praktisch

sind Angelwesten, die viele Taschen für Futter und Spielzeuge bieten.

Dabei haben sollten Sie immer ein oder zwei Lieblingsspielzeuge, tolles Futter wie zum Beispiel sehr klein geschnittene Fleischwurst, Käse oder ähnliches.

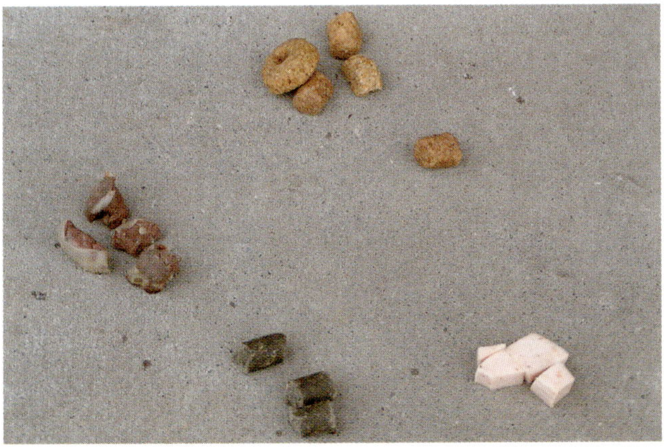

Sowohl Futter ...

... als auch Spielen mit dem Hund stellen gute Belohnungsmöglichkeiten dar.

Ich habe gern auch einen »Jackpot« dabei, mit dem ich herausragende Leistungen belohnen kann. Dazu nehme ich Leberwurst in einer Tube, Weichfutter oder Pansen. Lassen Sie Ihrer Fantasie dabei freien Lauf!

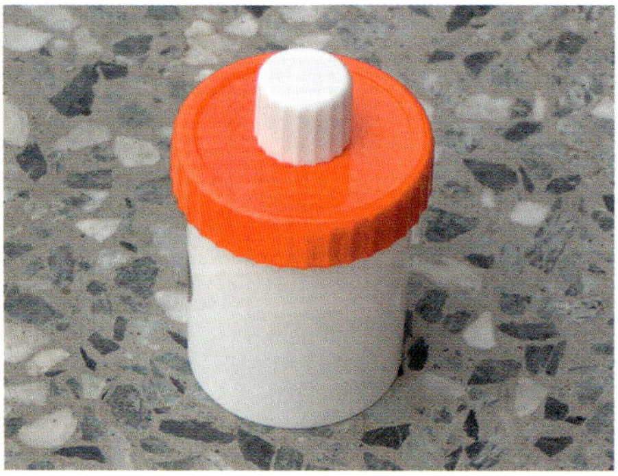

Eine Salbenkruke lässt sich gut mit Leberwurst füllen.

Natürlich brauchen Sie den Clicker, schön ist es, diesen an einem kleinen Armband zu haben, damit er immer greifbar ist.

Beim Obedience benötigen Sie nicht sehr viel Ausrüstung. Sie brauchen vier, besser mehr, Pylonen, die Sie im Spielzeughandel bekommen.

Eine Hürde kann man improvisiert selbst bauen, indem man ein einen Meter breites, hundhohes Brett aus dem Baumarkt mit Hilfe von vier Weidezaunstangen aufrecht hinstellt. Auf Hundetrainingsplätzen können Sie dann mit einer richtigen Hürde trainieren.

Im Internet finden Sie auch Bauanleitungen, um eine solche Hürde günstig selbst zu bauen.

Außerdem benötigen Sie 1-3 Bringhölzer aus Holz, in den niedrigen Prüfungsklassen ist auch Kunststoff erlaubt.

Das Bringholz sollte nicht viel breiter sein als das Hundemaul, so ist es einfacher für den Hund zu tragen. Gerade für Anfängerhunde ist es zum Einstieg leichter, wenn das Holz nicht nach rechts und links rutschen kann. So muss der Hund es nicht ausbalancieren, sondern kann sich voll auf die restlichen Ansprüche des Apportierens konzentrieren.

Vier kleine Spielzeugpylonen.

Selbstgebaute Hürde.

Der Hund braucht ein Halsband und eine Leine, wobei letztere nicht zu lang sein soll, damit sie weder den Hund noch Sie beim Laufen stört.

Ich persönlich bevorzuge sehr kleine, leichte Leinen, so dass ich kaum spüre, dass ich den Hund an der Leine habe.

Diese Leine ist zu lang.

Das brauchen Sie fürs Training

- Geeignete Kleidung
- Lieblingsspielzeug(e)
- Kleine Stückchen Futterbelohnungen in ausreichender Menge
- Evtl. ein »Jackpot« zur Belohnung
- Clicker
- 4 Pylonen
- 1 Hürde
- 1-3 Bringhölzer
- Halsband und Leine

AUFBAU EINES FEHLERWORTES

Im Training ist es sehr praktisch, wenn Sie nicht nur für »Belohnung verdient« einen Marker haben (in unserem Fall den Clicker), sondern auch ein Wort für »schade, Belohnung verloren, du kommst nur mit einem anderen Verhalten ans Ziel«. So kann man, ähnlich wie beim Topfschlagen, dem Hund nicht nur die »Warm-Information« bieten, sondern auch eine Information für »kalt«.

Es gibt verschiedene Möglichkeiten, dieses Wort zu konditionieren. Eine gute Möglichkeit bietet die Arbeit mit dem Targetstick. Stecken Sie den Targetstick in den Boden und beclicken Sie den Hund dafür, dorthin zu laufen und diesen anzustubsen. Klappt das gut, stecken Sie einen zweiten Targetstick in den Boden, etwas entfernt vom ersten. Lassen Sie den Hund nun handeln, ohne etwas zu sagen.

Geht er zu einem Stab, sagen Sie ruhig und freundlich das Wort, welches Sie in Zukunft als Fehlerwort verwenden möchten, zum Beispiel »Fehler«. Warten Sie ab. Bei jeder Umorientierung weg von dem Target hin zu dem anderen Target clicken Sie den Hund sofort an. Wiederholen Sie die Übung einige Male. Auf diese Weise lernt Ihr Hund dieses Wort im Kontext »umorientieren« kennen.

Eine weitere Möglichkeit wäre, es einfach im Training zu benutzen, wenn der Hund einen Fehler macht. Sie können sich sofort nach dem Sagen des Wortes wegdrehen und den Hund für etwa zehn Sekunden ignorieren. Allerdings ist diese Methode nicht für jeden Hund geeignet, denn sie stellt eine große Frustration dar!

Dieses Kommando soll dem Hund also die Chance bieten, das falsche Verhalten zu unterbrechen und das richtige zu zeigen. Sie können dem Hund damit bei allen Übungen Feedback geben, ein Beispiel wäre die Distanzkontrolle. Wenn Sie beispielsweise »Sitz« sagen und der Hund legt sich: »Fehler«. Setzt der Hund sich daraufhin: click! Dabei sollten Sie jedoch vorsichtig sein, dass der Hund keine Verhaltenskette bildet, die in diesem Fall so aussehen könnte: »Sitz« – Hinlegen – »Fehler« – Setzen – Belohnung bekommen.

Benutzen Sie also die Korrektur über das Wort nicht zu oft im selben Kontext, denn Hunde bilden schneller Verhaltensketten, als Ihnen lieb ist!

DAS AUFLÖSEKOMMANDO

Viele Clickertrainer benutzen den Click als Auflösekommando, das heißt, dass die Übung damit beendet ist und der Hund tun kann, was er will oder sich seine Belohnung abholen darf.

In vielen Obedience Übungen ist es jedoch von Vorteil, wenn der Hund nach dem Click bleibt, wo er ist, um zu warten, dass Sie ihm seine Belohnung bringen. Anschließend gibt es ein separates Kommando wie zum Beispiel »o.k.«. Erst nach diesem Kommando soll der Hund seine Position verlassen.

Vor allem bei den Distanzübungen empfehle ich Ihnen, darauf zu achten, dass der Hund nicht ohne Auflösekommando zu Ihnen kommt, um sich belohnen zu lassen. Gehen Sie lieber zu Ihrem Hund.

Gute Laune ist Pflicht

Trainieren Sie nur, wenn Sie gut gelaunt sind! Genervt, gestresst und abgehetzt zu trainieren wird immer zu einem schlechten Ergebnis führen!

Wenn Sie merken, dass Sie oder der Hund nicht bei der Sache sind, üben Sie noch eine einfache und Ihnen gut bekannte Sache, um für den Hund und sich selbst das Training mit einem Erfolgserlebnis zu beenden.

DAS TRAININGSTAGEBUCH

Führen Sie ein Trainingstagebuch, in dem Sie dokumentieren, was gut und was nicht optimal gelaufen ist. So werden Sie Fortschritte besser bemerken und strukturierter trainieren. Hier ein Beispiel, wie so ein Trainingsplan aussehen könnte:

Beispiel: »Aldo und Gitta«

Datum: 15.04.05
Ort: Hundeplatz in Riepe
Wetter: schwülwarm
Ablenkung: bekannte Umgebung (Trainingsplatz), mein zweiter Hund Illa dabei.
Endziel: »bei Fuß«-gehen und aufmerksam hochschauen.
Ziel dieser Trainingseinheit: mehr als 6 Schritte »bei Fuß«-gehen (bisher nur in Wohnung so weit).
Eigene Stimmungslage: gut, entspannte Atmosphäre, allerdings war mir warm.
Stimmungslage und Mitarbeit des Hundes: der Hund ist konzentriert und motiviert. Nach kurzer Zeit schlechter konzentriert – zu warm?
Mit was wurde belohnt: 3 Sorten Trockenleckerlis .
Gab es einen Jackpot, wenn ja wofür und wie oft? Quitschie, mit dem er herumrennen darf, bekam er zweimal, einmal nach 3 erfolgreichen Versuchen 6 Schritte zu gehen und das andere Mal am Ende der Übung, die er erfolgreich abgeschlossen hat.
Welche Schritte wurden zuerst beclickt? Zunächst kleinste Schritte beclickt (das Anschauen bei meinem Rückwärtsgehen), dann das Blickkontakt halten beim Drehen beclickt, um ihm anfangs viele Erfolgserlebnisse zu bieten und seine Konzentration auf mich zu bringen, erst dann immer einen Schritt mehr von ihm verlangt vor dem Click.
Wurde das Trainingsziel erreicht? Wie oft wurde das erwünschte Verhalten sicher gezeigt? Aldo hat die als Ziel gesetzten 6 Schritte mehrmals erreicht.
Wurde ein besonderer Schwierigkeitsgrad/Fortschritt erreicht, wenn ja, wodurch? Übung erstmals auf Übungsplatz korrekt absolviert.
Was hätte ich besser machen können? Zur sicheren/vollständigen Dokumentation des Trainingsfortschritt hätte ich mir notieren müssen, wie oft er das Verhalten gezeigt hat, um eine bessere Basis für das nächste Verhalten zu haben.

4

Blickkontakt – Das A und O

Der Blickkontakt des Hundes zum Hundeführer ist das A und O beim Obedience. Der Hund soll konzentriert den Hundeführer anschauen – am schönsten sieht es dabei aus, wenn er dem Hundeführer ins Gesicht sieht. Manche Hunde (vor allem unsichere) haben damit allerdings ein Problem, denn in der Sprache »hündisch« stellt es eine Bedrohung dar, jemand direkt in die Augen zu schauen. Freundlich und verständlich aufgebaut ist es allerdings nur für wenige Hunde ein Problem. Das Anschauen stellt eine schwierige Übung für den Hund dar, denn er muss sich dazu auf eine Sache (nämlich Sie!) extrem konzentrieren und fokussieren. Das ist anstrengender, als Sie vielleicht glauben! Überfordern Sie den Hund anfangs nicht, sondern halten Sie die Konzentrationsaufgaben kurz und steigern Sie sie langsam.

Es gibt verschiedene Möglichkeiten, dem Hund das Anschauen beizubringen:

METHODE 1: AUFBAU DURCH LOCKEN

Dazu nehmen Sie ein besonders gutes Leckerchen und halten es dem Hund kurz vor die Nase. Anschließend führen Sie es zum eigenen Kinn oder zwischen die Augen. Der Hund verfolgt das Futter nun mit dem Blick und schaut Sie an. Um eine Verknüpfung zwischen der Handlung und einem Kommando zu erstellen, sagen Sie das Kommando, zum Beispiel »schau«, während der Hund Sie ansieht. Clicken Sie ihn an und geben Sie ihm das Futter. Anfangs können Sie das Kommando noch nicht geben, damit der Hund Sie ansieht, denn er hat ja noch keine Idee, was es bedeuten soll. Erst durch Hunderte von Wiederholungen der oben genannten Übungen können Sie das Verhalten auf das Kommando abrufen.

Langsam steigern Sie die Zeitspanne, die der Hund Sie ansehen soll. Für einen Anfängerhund reicht eine Sekunde oder bei einem unkonzentrierten Hund sogar der Bruchteil einer Sekunde. Später steigern Sie die Dauer bis zum Click auf bis zu einigen Minuten.

Nachteil dieser Methode:

– Die Hilfen (Futter in der Hand, Hand zum Kinn) müssen langsam abgebaut werden, manche Hunde haben Schwierigkeiten damit, wenn sie verschwinden.

Vorteil dieser Methode:

+ Einfach durchzuführen, auch für Hunde mit Konzentrationsschwierigkeiten geeignet.

Zuerst geht das Futter vor die Hundenase ...

... dann von der Nase ...

... hoch zum eigenen Kinn. Der Hund folgt mit seinem Blick.

METHODE 2: AUFBAU DURCH FORMEN

Dabei beclicken Sie jeden kleinsten Blick des Hundes zu Ihnen. Beginnt man das mit einem Welpen von klein auf, bekommt man wahre »Guckwunder«. Der Hund lernt, dass er immer eine Belohnung bekommt, wenn er Sie ansieht. Folglich wird er Sie sehr oft ansehen!

Zeigt der Hund das gewünschte Verhalten nun häufig, führt man das Kommando ein. Wenn er Sie ansieht, sagen Sie das Kommando »Schau«, clicken ihn anschließend an und belohnen ihn.

Nachteil dieser Methode:

– Erfordert etwas Übung und gutes Timing vom Hundeführer

Vorteil dieser Methode:

+ Es werden keine Hilfen gegeben, die abgebaut werden müssen, der Hund hat sich die Aufgabe selbst erarbeitet und sie sitzt fester.

Den Blickkontakt sollten Sie nicht auf das Training beschränken. Beclicken Sie Ihren Hund vor allem auf Spaziergängen dafür, dass er Sie ansieht, so wird Ihr Hund schon bald immer öfter freiwillig Konzentration anbieten.

Teil B – Übungsteil

1

Die Grundstellung

Jede Übung beginnt und endet mit der Grundstellung. Dabei sitzt der Hund eng und gerade an der linken Seite des Hundeführers, so dass sich seine rechte Schulter auf Höhe des linken Knies befindet. Viele kleinere Hunde sitzen gern etwas zu weit vor, damit sie den Hundeführer besser sehen können. Manche Richter bemängeln das bei kleinen Rassen weniger stark, bemühen Sie sich aber trotzdem, eine saubere Grundposition zu erarbeiten, denn sie ist die Basis für alles weitere Training. Es gibt zwei Möglichkeiten, wie der Hund die Grundstellung einnehmen kann:

Er kann hinten um Sie herumlaufen und neben Ihnen sitzen bleiben, oder er kann von vorne herumlaufen/springen, um neben Ihnen zu landen. Im Obedience sieht man letztere Variante häufiger, deshalb werde ich diese Möglichkeit hier erklären. Sie ist auch in der Begleithundeprüfung erlaubt, es entsteht Ihnen also dadurch kein Nachteil.

Die Grundstellung ist eine Übung, die man sehr gut zwischendurch und in der Wohnung üben kann, da sie nicht viel Platz benötigt. Lassen Sie den Hund sein Abendbrot doch immer mit dieser Position erarbeiten!

METHODE 1: AUFBAU DURCH FORMEN

Sie haben zwei Möglichkeiten, wobei Sie es von der Erfahrung des Hundes und Hundeführers im Formen abhängig machen sollten, welche Sie wählen. Arbeiten Sie auf jeden Fall anfangs in absolut ruhiger Umgebung.

Sie können dem Hund mit einer Körperbewegung etwas helfen. Nehmen Sie dabei aber auf keinen Fall die Hände zur Hilfe, sondern nur Ihre Schulter und Hüfte. Der Hund sollte vor Ihnen stehen. Bewegen Sie Ihre linke Hüfte und Schulter in einem Halbkreis, so, als ob Sie den Hund nach links außen neben sich ziehen wollten. Es wird so ähnlich aussehen, als wollten Sie Hula Hoop machen. Beclicken Sie jede Mitbewegung des Hundes. Die meisten Hunde machen dabei eine gute Bewegung, die einem Halbkreis ähnelt. Dabei bewegt sich auch das Hinterteil des Hundes. Genau in dem Augenblick, in dem der Hund sein Hinterteil »herumschwingt«, und sei diese Bewegung auch noch so minimal, clicken Sie ihn an. Steigern Sie langsam den Anspruch über viele Sitzungen hinweg, bis der Hund schließlich nach der Bewegung neben Ihnen steht. Nun soll der Hund sich dort hinsetzen. Kommt der Hund nicht auf diese Idee, können Sie ihm einige Male helfen, indem Sie »sitz« sagen. Allerdings sollte er nach etwa zehnmaligem Helfen allein auf die Idee kommen. Anfangs ist es dabei nicht schlimm, wenn der Hund schief sitzt. Über mehrere Sitzungen hinweg müssen Sie nun beginnen, nur noch diejenigen Versuche zu beclicken, in denen er gerade sitzt, oder zumindest nicht mehr so schief wie zuvor. Beclicken Sie die schlechteren Versuche dann gar nicht mehr, denn sonst verwirren Sie den Hund unnötig.

Bei einem schon im Formen erfahrenen Hund können Sie komplett formen. Das bedeutet, dass Sie wirklich stehen oder sich ab und zu ein wenig bewegen, aber ohne Körperhilfen abwarten, was der Hund tut. Jede kleinste Bewegung in Richtung Ihres Körpers wird beclickt, dann das Annähern an das linke Bein, das Daranstellen oder eventuell (falls der Hund es anbietet) sofortige Hinsetzen.

Denken Sie daran, nicht gleich alles in einer Sitzung zu wollen. Je nach Hund kann es sehr unterschiedlich lange dauern. Bei zwei mal fünf Minuten Übung pro Tag sollten Sie sich auf jeden Fall zwischen zwei (erfahrener Hund) und acht Wochen (Anfängerhund) Zeit lassen bis zur vollendeten Übung. Machen Sie die Schritte klein genug, so dass Sie den Hund möglichst oft anclicken können.

Bei Hunden, die sich nicht eng an das Bein setzen wollen, können Sie sich in weiteren Übungssitzungen diejenigen Versuche herausclicken, in denen der Hund für seine Verhältnisse enger sitzt als vorher. Er bekommt also keinen Click mehr für das weit entfernte Sitzen, sondern nur noch für die besseren Versuche. Kommen Sie aber nicht in Versuchung, gleich alles auf einmal zu wollen. Nehmen Sie sich einen Punkt nach dem anderen vor. Beclicken Sie zum Beispiel, sobald der Hund die Position sicher findet, zuerst das gerade Sitzen so lange, bis Sie zufrieden sind, egal, wie weit weg der Hund sitzt. Anschließend können Sie für einige Tage oder Wochen das enge Sitzen clicken, egal, wie schief der Hund sitzt. Erst wenn beides getrennt gut geklappt hat, sollten Sie beides auf einmal vom Hund verlangen.

Zerteilen Sie jede Übung in möglichst viele kleine Schritte und verlangen Sie nie zu viel auf einmal.

Natürlich klingt das Formen hier nach viel Arbeit. Bedenken Sie aber, dass ein Hund, der viel mit Formen arbeitet, durchaus binnen weniger Tage das Endziel erreicht haben kann. Je mehr Sie mit Ihrem Hund im Formen arbeiten, desto schneller wird jede weitere Aufgabe erreicht werden.

Die Grundstellung

Die
Grundstellung.

Die meisten Hunde sind bei der Übung sehr aufmerksam und schauen Sie an. Sollte Ihr Hund das nicht tun, bauen Sie einen zusätzlichen Schritt ein, in dem Sie das »Anschauen beim Sitzen« beclicken.

Erst wenn der Hund das komplette Verhalten sicher zeigt, wird ein Kommando eingeführt. Dabei sollten Sie das Kommando möglichst geben, kurz bevor der Hund das Verhalten zeigt. Das bedeutet also: »Fuß«, Hund schwingt den Po herum, setzt sich neben das linke Bein, schaut Sie an, Click. Das Kommando sollten Sie nicht erst dann geben, wenn der Hund schon neben Ihnen sitzt.

Haben Sie dann die perfekte Grundstellung erreicht, achten Sie im zukünftigen Training darauf, sie nicht wieder schlechter werden zu lassen, indem Sie den Hund für schlechte Ausführungen belohnen. Nur gute Ausführungen bekommen einen Click. Beherrscht der Hund die Position, können Sie ihm bei einer schlechten Ausführung mit dem Fehlerwort eine Chance zur Korrektur geben. Denken Sie aber daran, das nicht zu oft zu tun, denn sonst bildet sich eine Verhaltenskette, das heißt, der Hund könnte die Idee bekommen, die Übung sähe korrekt so aus: »Fuß« – schief hinsetzen – »Fehler« – gerade hinsetzen – Click!

METHODE 2: AUFBAU DURCH LOCKEN MIT FUTTER

Um dem Hund die korrekte Grundstellung mit Futter beizubringen, gehen Sie wie folgt vor:

Der Hund steht oder sitzt Ihnen gegenüber. Sie haben Futter in der linken Hand. Falls Sie mit Leine arbeiten (müssen), halten Sie diese mit der rechten Hand. Stellen Sie den linken Fuß nach hinten, ähnlich einem Ausfallschritt. Achten Sie darauf, den Fuß in gerader Linie nach hinten zu stellen, nicht nach außen links weg.

Nun beschreiben Sie mit Ihrer linken Hand, die das Futter hält, einen großen Bogen nach links außen bis hinter Ihre Beine. Der Hund soll der Hand folgen, zeigen Sie ihm also zuvor das Leckerchen.

Wichtig ist, dass Sie den Hund wirklich bis hinter sich steuern, damit er sein Hinterteil komplett dreht und er wieder gerade nach vorne laufen kann. Wenn Sie zu früh von der Seite die Hand wieder nach vorne ziehen, wird der Hund am Ende schief sitzen. Bewegen Sie die Hand von dort hinten wieder nach vorne und nehmen zeitgleich mit dem Hund das linke Bein wieder mit nach vorne, so dass Sie wieder mit geschlossenen Beinen stehen. Die Handinnenfläche sollte immer zum Hund zeigen, das bedeutet, dass Sie Ihre Hand während der Übung drehen müssen.

Wichtig ist, dass Sie die Hand in den ersten Übungseinheiten immer direkt vor der Nase des Hundes halten. Ziehen Sie die Hand nicht zu schnell weg, der Hund kennt die Übung noch nicht und kann nicht wissen, was er tun soll. Stellen Sie sich vor, die Nase Ihres Hundes ist der eine Teil des Magneten und Ihre Hand mit dem Futter die andere. Auch ein Magnet kann sein Gegenstück nur dann anziehen, wenn er nah genug dran ist.

Stoppen Sie den Hund im Anschluss an den Bogen an Ihrem linken Bein. Bewegen Sie die Hand dabei auf keinen Fall nach innen in Richtung Ihrer Beine, denn sonst wird der Hund schief stehen und anschließend auch schief sitzen.

Der Po des Hundes ist wie ein Ruder! Bewegen Sie die Hand nach innen rechts, geht der Po nach außen links und umgekehrt. Ziehen Sie die Hand eng an Ihrem Bein entlang, so dass der Hund so eng wie möglich an Ihrem Bein steht.

Nun bewegen Sie die Hand vorsichtig nach hinten – oben über den Hundkopf, um zu erreichen, dass der Hund sich setzt.

Achten Sie auch dabei wieder darauf, dass der Hund den Kopf eher nach außen drehen soll als nach innen. Dieses Abbiegen nach außen führt zu einem geraden und engen Sitzen des Hundes. Sitzt der Hund nun gerade und eng neben Ihnen, bekommt er das Leckerchen.

Sobald diese Übung flüssig und sicher klappt und der Hund immer gerade sitzt, können Sie anfangen, den Ausfallschritt mit dem linken Bein wegzulassen. Diesen brauchen Sie am Anfang, damit Sie den Bogen so groß machen können, dass der Hund sich komplett dreht und anschließend perfekt gerade sitzt.

Der nächste Schritt ist also, dass Sie nur noch mit der Hand und dem Arm die Bewegung machen und die Füße absolut still stehen.

Grundstellung, Aufbau mit Futterbelohnung. Noch macht die Hundeführerin einen Ausfallschritt ...

Die Grundstellung

... und jetzt
klappt es ohne!

Klappt das flüssig und sicher, können Sie beginnen, das Hörzeichen einzuführen. Sagen Sie das Kommando, zum Beispiel »Fuß«, bevor Sie den Hund in dem Bogen führen.

Nun soll der Hund das Futter nicht mehr sofort bekommen, wenn er sitzt, sondern Sie vorher anschauen. Führen Sie dazu das Leckerchen, nachdem der Hund sitzt, nach oben zu Ihrem Kinn. Schaut er Sie an, clicken Sie und geben ihm das Leckerchen.

Der nächste Schritt ist derjenige, mit dem die meisten Hunde Probleme haben: Der Abbau des Leckerlis. Versuchen Sie, den Hund nur mit der leeren Hand zu führen. Benutzen Sie das Hörzeichen und führen den Hund an die richtige Position. Hat er diese korrekt eingenommen, clicken Sie und holen anschließend das Futter aus der Tasche. Diesen Schritt werden Sie Hunderte Male üben müssen, bis der Hund es korrekt macht.

Beginnen Sie als Nächstes, die Handbewegung abzubauen. Das bedeutet, dass Sie den Kreis mit der Hand immer weniger ausladend beschreiben. Gehen Sie dabei sehr langsam vor und achten Sie darauf, dass Ihr Hund nur dann angeclickt wird, wenn er gerade sitzt und Sie aufmerksam anschaut. Die Grundposition soll immer auch ein Aufbau für Konzentration sein.

Dieser Weg klingt für viele einfacher als der Weg des Formens, trotzdem dauert er mindestens genauso lange und die meisten Hunde, die gelockt wurden, verinnerlichen die Position nicht halb so gut, wie ein Hund, der sie selbst gefunden hat.

Besonders Welpen, die im Alter von wenigen Monaten diese Position durch Formen erlernen, bieten sie immer gerne an und werden keine Probleme damit haben.

ERSTE SCHRITTE GEHEN – UND GLEICH DAS ANHALTEN LERNEN

Beherrscht Ihr Hund die Grundstellung und hat Spaß an der Übung, können Sie mit ihm das Spiel »finde die Grundstellung« spielen. Das ist eine schöne Übung für die Wohnung, aber natürlich sollte man sie an vielen verschiedenen Orten üben.

Dazu stellen Sie sich in den Raum und sagen »Fuß«, oder warten, bis der Hund von selbst die Position findet.

Wenn Sie nun mit dem Gehen beginnen wollen, gehen Sie grundsätzlich mit dem linken Fuß los. Der Hund soll sich an Ihrem linken Bein orientieren, da dieses ihm näher ist, und er so am präzisesten merkt, wann Sie loslaufen. Sie können sich vorwärts, um 90° nach links oder nach rechts bewegen. Fangen Sie dabei am besten mit einem Schritt vorwärts an, denn diese Übung ist am einfachsten für den Hund.

Der Hund soll immer wieder in die Grundposition kommen. Wer dem Hund helfen möchte, kann ihn anfangs mit Futter locken. Einen besseren Lerneffekt hat die Übung jedoch, wenn der Hund selbstständig die Position

wieder findet. Viele Hunde lernen dieses Spiel so lieben, dass es eine wunderbare Übung darstellt, um den Hund vor dem Training »in Stimmung zu bringen« und ihn zu konzentrieren.

Auf diese Art lernt Ihr Hund gleichzeitig, sich wieder gerade und korrekt hinzusetzen, wenn Sie anhalten. Ermuntern Sie ihn bei der Übung dazu möglichst, sofort bei Ihrem Angehen mitzukommen.

Sie können dann nach und nach bis zu drei oder vier Schritten gehen, bis Sie wieder anhalten.

2

Bei Fuß gehen

In der Bewegung »bei Fuß« soll der Hund möglichst permanent den Hundeführer ansehen, gerade und eng an seiner linken Seite laufen und zwar so, dass seine Schulter etwa auf Höhe des Knies des Hundeführers ist (von der Seite betrachtet).

METHODE 1: AUFBAU DURCH FORMEN

Hierbei zerteile ich die Übung erneut in einige verschiedene Möglichkeiten, die gut parallel zueinander angewandt werden können.

Sie können aus dem oben genannten Spiel »finde die Grundstellung« vor allem das Angehen hervorragend trainieren. Viele Hunde haben das Problem, dass sie die ersten Schritte unaufmerksam laufen und den Hundeführer erst nach drei bis fünf Schritten ansehen. Das resultiert meistens daraus, dass die wenigsten Hundeführer den Hund nach ein bis drei Schritten sofort belohnen. Ein Hund, der auf den ersten Schritten nie belohnt wird, wird das aufmerksame Schauen auf den ersten Schritten aufgeben. Um das zu vermeiden, üben Sie nur das Angehen. Der Hund sollte die Grundstellung kennen und lieben. Versuchen Sie nun, sehr langsam das linke Bein zu bewegen, um einen Schritt vorwärts zu machen. Ermuntern Sie den Hund, mitzukommen. Sobald Sie den Schritt gemacht haben und Ihr Hund immer noch am linken Bein hängt und Sie ansieht, clicken Sie. Nach und nach nehmen Sie immer einen Schritt dazu und erhöhen das Tempo beim Angehen. Sie können so die Strecke verlängern, die Ihr Hund bei Fuß geht.

Bei Fuß gehen:
Belohnen Sie anfangs schon nach den ersten ein bis drei korrekten Schritten! Erst später wird die Zahl der Schritte langsam erhöht.

Der große Vorteil bei der Methode ist, dass der Hund regelrecht lernt, am Bein zu kleben. Schaut Ihr Hund weg, bleiben Sie einfach stehen und warten, bis er erneut die Grundposition einnimmt. Der Hund soll so lernen, dass bei Fuß laufen nur zusammen mit Anschauen funktioniert. So erreichen Sie einen hohen Grad an Aufmerksamkeit. Belohnen Sie besonders gute Schritte dabei ruhig mit einem Jackpot, bei Balljunkies zum Beispiel mit dem Ball.

Eine weitere Möglichkeit bietet das reine freie Formen (free shaping). Dabei ist es am einfachsten, mit einer zweiten Person zu arbeiten. Dazu haben Sie die Leckerchen in der Tasche und die zweite Person Ihren Clicker, denn sie wird Ihren Hund anclicken. Besprechen Sie sich gut mit der »Clickerperson«, welches Verhalten Sie als Erstes beclicken wollen. Das kann zum Beispiel sein, dass Ihr Hund Sie ansieht oder auf der richtigen Höhe geht. Bei sehr »eigenständigen« Hunden empfiehlt es sich, den Hund an eine Schleppleine zu legen und jedes Annähern an den Hundeführer zu beclicken.

Sie gehen also einfach kreuz und quer über den Platz (oder eine Wiese Ihrer Wahl) und die zweite Person clickt, sobald der Hund das gewünschte Verhalten auch nur ansatzweise zeigt. Dann geben Sie Ihrem Hund die Belohnung.

Im weiteren Trainingsverlauf wird der Hund dann zum Beispiel nur noch belohnt, wenn er eng am Bein läuft, dann, wenn er Sie ansieht und neben Ihnen läuft, dann, wenn er eng und auf der richtigen Höhe (also nicht zu weit vorn oder hinten) läuft und schließlich, wenn er eng, gerade, aufmerksam und auf der richtigen Höhe läuft. Je nach Hund müssen Sie entscheiden, welcher Schritt am einfachsten für den Hund ist. Fangen Sie mit diesem an und nehmen schwierigere Schritte erst nach und nach dazu.

So bekommt Aldo keinen Click ...

Die Strecke, die der Hund so laufen muss, wird schließlich immer mehr verlängert. Das bedeutet, dass er den Click nicht mehr bekommt, sobald er die richtige Position gefunden hat, sondern nur, wenn er diese auch für zwei, drei, dann fünf und mehr Schritte hält. Mit dieser Methode kann man auch allein üben, es hat sich jedoch gezeigt, dass es mit einer zweiten Person effektiver ist und für alle Beteiligten einen großen Lerneffekt darstellt. Vorteil bei dieser Methode ist, dass der Hund gleich lernt, dass Sie ihn nicht ansehen und ganz normal laufen, er benötigt später also keine Körperhilfen von Ihnen.

METHODE 2: AUFBAU DURCH LOCKEN

Sie können den Hund auf verschiedene Art und Weise locken. Sie können Futter in Ihrer linken Hand halten und diese vor Ihren Bauch legen. Der Hund riecht das Futter und wird der Hand folgen. Diese Methode ist allerdings nur für wenige Hunde geeignet, da die meisten Hunde nur dann gut laufen, wenn Sie Futter in der Hand halten.

Eine gute Möglichkeit bietet ein ähnlicher Aufbau, wie wir ihn beim Blickkontakt kennen gelernt haben. Dabei handelt es sich eher um eine Mischung aus Locken und freiem Formen. Stellen Sie sich dazu vor Ihren

... für dieses schöne Mitlaufen aber schon!

Hund und nehmen ein Leckerchen in die Hand, bevorzugt die linke. Zeigen Sie dem Hund das Leckerchen und führen es zu Ihrem Kinn. Achten Sie dabei bitte darauf, komplett aufrecht zu stehen und sich nicht über den Hund zu beugen. Der Hund sollte von der »Schau« Übung bereits in der Lage sein, die Konzentration über kurze Zeit zu halten. Optimal wäre es, wenn Ihr Hund sich auf Sie fixieren gelernt hat, auch ohne dass Sie das Futter in der Hand halten.

Laufen Sie nun in einer geraden Linie (keinen Bogen) rückwärts. Der Hund sollte Ihnen folgen. Bleibt er sitzen, helfen Sie ihm, indem Sie ihm das Leckerchen erneut zeigen, loslaufen und ihn zum Folgen ermuntern. Läuft der Hund nun gerade vor Ihnen und sieht Sie an, clicken Sie und geben ihm anschließend das Futter. Anfangs reichen ein oder zwei Schritte, verlängern Sie diese Strecke jedoch auf mindestens fünf, bis Sie den nächsten Schritt machen.

Dieser wäre, dass Sie sich drehen, und zwar auf der geraden Linie rechts herum, so dass der Hund automatisch an Ihre linke Seite kommt. Drehen Sie sich genau um 180°, das heißt, dass Sie in ein und dieselbe Richtung weiterlaufen, zuerst rückwärts und nach der Drehung vorwärts. Wenn Sie Schwierigkeiten haben oder unsicher sind, ob Sie wirklich geradeaus gehen, bauen Sie sich eine Gasse aus Pylonen oder Weidezaunstangen. Diese soll nur eine Hilfe für Sie sein, nicht für Ihren Hund! Hat Ihr Hund vorher eine gute Konzentration gezeigt, wird er diese auch während und nach der Drehung zeigen. Den Click gibt es nun nicht mehr im Rückwärtslaufen, sondern erst nach der Drehung für das Laufen neben Ihnen. Achten Sie bitte darauf, sich flott zu drehen und nach der Drehung nicht zu langsam zu laufen. Gerade große und freudige Hunde neigen dazu, nach der Drehung schief zu laufen. Sollte Ihr Hund das tun, machen Sie die ersten beiden Schritte nach der Drehung wirklich groß und clicken Sie spätestens auf dem zweiten Schritt nach der Drehung, wenn der Hund noch gerade läuft. Das Schöne an dieser Methode ist, dass jeder Hund unmittelbar nach der Drehung automatisch perfekt bei Fuß läuft. Er läuft zu dem Zeitpunkt gerade, aufmerksam und meist auch eng neben dem Hundeführer. Das können Sie nun anclicken. Achten Sie bitte darauf, die Hand, so lange Sie Futter darin halten, bis circa zwei Sekunden nach dem Click oben an der Brust zu lassen. Der Hund soll nicht dem Futter nachlaufen, sondern konzentriert arbeiten.

Wichtig ist, dass Sie darauf achten, sich nur dann zu drehen, wenn der Hund gerade und nah vor Ihnen läuft. Manche Hunde beginnen nach einigen Übungen die Drehung schon von selbst. Dabei sollten Sie vorsichtig sein, denn oft kommt es dadurch zu einem schiefen oder vorprellenden Gehen bei Fuß. Je gerader und enger der Hund vor der Drehung vor Ihnen

»Bei Fuß« – Aufbau mit Locken aus der Drehung heraus.

läuft, desto schöner wird später das »Fuß« Gehen.

Klappt diese Übung gut, können Sie damit beginnen, die Futterhilfe abzubauen, das heißt, dass Sie die Hände leer lassen und der Hund Sie trotzdem ansehen soll.

Nach dem Click wird dann das Futter aus der Tasche geholt. Beginnen Sie dann, ein Kommando einzuführen. Sagen Sie zum Beispiel »Fuß«, kurz bevor Sie clicken, das heißt, in dem Augenblick, in dem der Hund perfekt das gewünschte Verhalten zeigt, nämlich aufmerksam, gerade und möglichst eng und auf der richtigen Höhe bei Fuß zu laufen. So kann der Hund eine Verknüpfung herstellen: »dort auf diese Art laufen und hochschauen = Fuß«. Klappt diese Übung nun perfekt, können Sie beginnen, sie an die Grundposition anzuhängen.

Die meisten Hunde haben damit, wenn beides korrekt erlernt wurde, kein Problem. Das bedeutet, dass Sie das Rückwärtsgehen nun weglassen können und direkt aus der Grundstellung loslaufen.

**METHODE 3:
AUFBAU MIT TARGET**

Vor allem für kleine Hunde ist das Arbeiten mit Target eine gute Methode. Dazu benötigen Sie den Targetstick, den ich bereits im Absatz über das Clickertraining ansprach. Wenn der Hund nun verstanden hat, dass er den Stab mit der Nase berühren soll, führen Sie den Hund mit dem Target neben Ihr Bein. Gehen Sie einige Schritte und halten den Hund mit dem Target auf der richtigen Höhe. Halten Sie den Target dazu unbedingt niedrig genug, damit der Hund nicht springen muss, um ihn zu berühren! Beclicken Sie ihn anfangs häufiger, dann immer seltener. Beginnen Sie dann langsam, den Targetstab zu verkürzen, das heißt, dass Sie ihn nicht mehr direkt vor die Nase des Hundes halten, sondern ihn immer mehr in die Höhe wandern lassen. Nach und nach sollen Sie den Stab dann so weit verkürzen, dass Sie ihn in der Hand halten, bis Sie ihn schließlich nicht mehr benötigen, sondern Ihren Finger nehmen können. Der Hund lernt also, dem Target zu folgen, der dann langsam wieder abgebaut wird.

Nach ähnlichem Prinzip kann man auch einen Klebezettel als Target benutzen. Formen Sie dazu das Verhalten, dass der Hund den Zettel mit der Nase berührt. Das bedeutet, dass Sie als Erstes jedes kleinste Interesse (von »einer Augenbewegung in Richtung Zettel« über »deutlichen Blick zum Zettel«, »die Nase bewegt sich zum Zettel« bis hin zu »der Hund stupst den Zettel mit der Nase an«) beclicken. Klappt dies gut, können Sie den Zettel so an Ihr linkes Bein kleben, dass der Hund auf der richtigen Höhe läuft, wenn er ihn anstupst. Versuchen Sie also nun, den Hund zu beclicken, wenn er neben Ihnen läuft und den Zettel anstupst. Diesen Zettel können Sie nach und nach kleiner schneiden, bis nichts mehr von ihm übrig geblieben ist.

Bei beiden Methoden sollten Sie mit der Einführung eines Hörzeichens warten, bis das gewünschte Verhalten sicher gezeigt wird.

WENDUNGEN UND WINKEL – TANZSTUNDE FÜR FRAUCHEN UND HERRCHEN

Ein wichtiger Teil der Fußarbeit im Obedience sind Winkel und Wendungen. Bei einer Prüfung läuft der Ringsteward neben Ihnen her und gibt Ihnen Anweisungen, wann Sie wo entlang laufen müssen. Dabei steigern sich Schwierigkeit und Länge der Strecke mit den Prüfungsklassen.

Es gibt rechte und linke Winkel, bei denen Sie jeweils um 90° abbiegen. Außerdem gibt es eine Linkskehrtwende, bei der Sie sich um 180° links in die andere Richtung drehen und der Hund an der Innenseite fast auf der Stelle drehen muss. Bei der Rechtskehrtwende drehen Sie sich um 180° rechts herum und der Hund läuft an Ihrer linken Seite außen herum.

Dabei gibt es jeweils die Möglichkeit, die Wendungen mit dem rechten oder dem linken Fuß zu beginnen. Probieren Sie am besten aus, wie es Ihnen am leichtesten fällt. Sie sollten die Winkel und Wendungen sehr viel ohne Ihren Hund üben, damit sie Ihnen in Fleisch und Blut übergehen. Wenn Sie dann mit Ihrem Hund laufen wollen, behindern Sie ihn nicht mit Ihrer Unsicherheit.

Bei den linken Winkeln und der Linkskehrtwende soll der Hund mit seinem Hinterteil herumkommen. Ein Bewusstsein für das, was das Hinterteil tut, müssen viele Hunde jedoch erst lernen. Eine interessante Möglichkeit bietet dazu ein Drehteller aus Holz. Mit freiem Formen können Sie dem Hund beibringen, sich mit den Vorderbeinen auf den Teller zu stellen und mit den Hinterbeinen herumzudrehen, so dass der Teller sich dreht. Dazu beclicken Sie erst das Stehen mit den Vorderbeinen auf dem Teller. Klappt dies sicher, können Sie beginnen, die Hinterbeinbewegungen zu beclicken, so dass der Hund praktisch den Teller dreht, während er darauf steht. Dies ist keine leichte Übung und erfordert viel Geschick vom Hundehalter und einen im Formen erfahrenen Hund. Wenn der Hund eine Idee hat, worum es geht, können Sie sich neben ihn stellen, während er auf dem Teller steht, so dass der Hund sich an Ihrer linken Seite befindet. Ermuntern Sie ihn, sich Ihrem linken Bein anzuschließen – diese Übung sollte er aus dem Sitzen und Laufen bei Fuß bereits etwas kennen. Drehen Sie sich etwas, so dass er Ihnen mit den Hinterbeinen folgen muss. Sie laufen also gegen den Uhrzeigersinn am Tellerrandes entlang, so dass eine Linkswende auf der Stelle entsteht. Beginnt der Hund, die Hinterbeine zu bewegen, clicken Sie das sofort an. Eventuell ist eine zweite Person hilfreich, die hinter Ihnen steht und den Hund beclickt. Viele Hunde übertragen diese Übung später gut auf die Arbeit am Boden ohne den Teller.

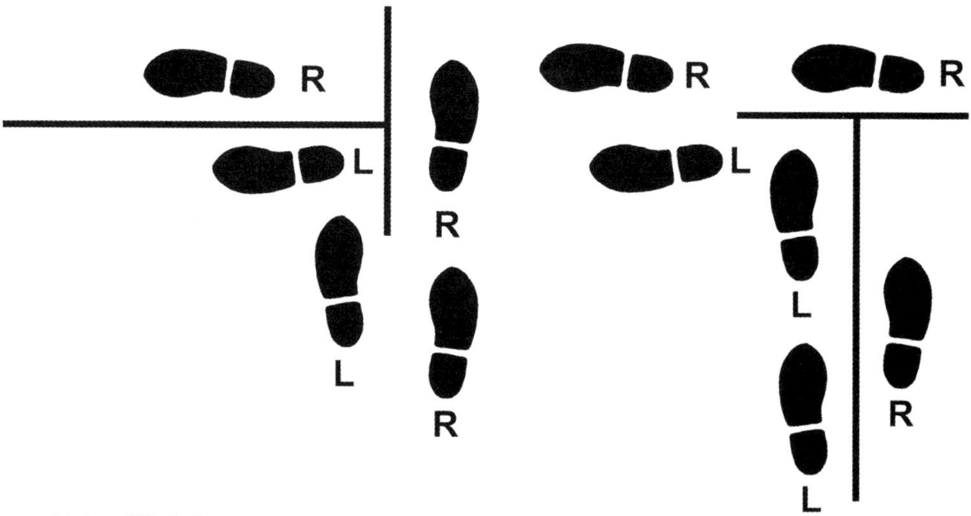

Linker Winkel.

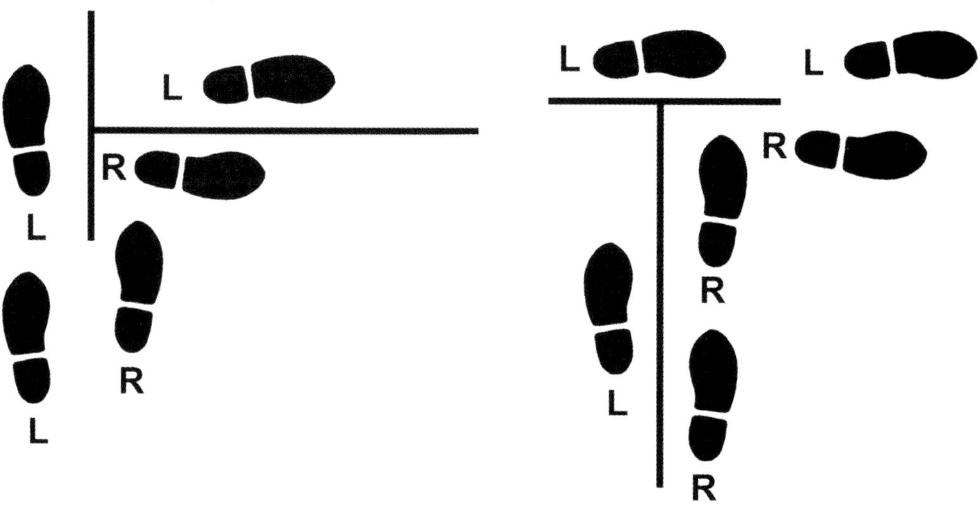

Rechter Winkel.

Eine weitere Möglichkeit bietet die weiter oben beschriebene Grundübung »Finde die Grundposition«. Stellen Sie sich hin und geben dem Hund das Kommando für die Grundstellung. Anschließend gehen Sie mit Ihrer für sich gewählten Schrittfolge einen linken Winkel, so dass Sie quer vor Ihrem Hund zu stehen kommen. Warten Sie nun entweder, bis Ihr Hund von selbst die Grundposition wieder sucht, oder geben Sie ihm das Kommando dazu. Er muss dabei sein Hinterteil herumdrehen, und genau diesen Augenblick clicken Sie an. Sie warten also diesmal mit dem Click nicht, bis er sitzt, sondern clicken sich die »Po-Bewegung« heraus.

Sobald das flüssig klappt, können Sie einige Schritte mit dem Hund bei Fuß laufen und vor dem Winkel erst langsamer werden, um dann sehr deutlich den Schritt für den Winkel zu gehen, auch das in langsamem Tempo. Eventuell müssen Sie dem Hund mit einer deutlichen Schulterbewegung helfen. Bei jedem Ansatz, den der Hund zum Bewegen seines Hinterteils zeigt, clicken Sie ihn sofort an. Bevor Sie aber unnötige Körperhilfen geben, denken Sie daran, dass später alle Hilfen wieder abgebaut werden müssen, denn falls Sie einmal eine Prüfung laufen möchten, gibt jede Körperhilfe Punktabzüge!

Klappt die Übung mit einem 90° Winkel flüssig und schön, können Sie beginnen, sich weiter zu drehen. Machen Sie dabei anfangs kleine Schritte und drehen sich jedes Mal ein Stück weiter, bis Sie eine 180°-Wende geschafft haben. Sie dürfen und sollten bei der Linkskehrtwende eine kleines »U« laufen. Um das zu trainieren, kann es hilfreich sein, einen Weidezaunpfahl zu umlaufen.

Stecken Sie diesen in den Boden und laufen rechts an ihm vorbei. Achten Sie jedoch darauf, dem Hund genug Platz zu lassen, damit er sich nicht gezwungen fühlt, links daran vorbeizulaufen. Vielen Hunden hilft das, sich besser zurückzunehmen und ihr Hinterteil zu bewegen und während der Wendung eng an Ihrem Bein zu bleiben. Klappt es mit dem Pfahl gut, können Sie beginnen, einmal mit Pfahl und einmal ohne Pfahl im Wechsel zu trainieren. Zeigt Ihr Hund eine schöne Linkskehrtwende auch ohne den Pfahl, spendieren Sie ihm ruhig einen Jackpot!

Bei manchen Hunden hilft auch ein Trainieren des Seitwärtsgehens bei Fuß zur besseren Kontrolle über das Hinterteil. Gehen Sie dazu nach rechts vom Hund weg, wenn dieser in der Grundstellung sitzt. Ermuntern Sie ihn, Ihnen zu folgen, um die Grundstellung wiederzufinden. Zeigt er Bewegung seines Hinterteils, clicken Sie diese sofort an. Für viele Hunde ist es sehr schwer, das nötige Körperbewusstsein zu entwickeln. Eine Hilfe dazu kann ein Körperband sein, wie es Linda Tellington Jones verwendet. Aber auch schon Haargummis oder Schweißbänder an den Hinterbeinen können zu

einem besseren Körperbewusstsein führen. Gewöhnen Sie den Hund bitte vorsichtig und mit Geduld daran, manche Hunde haben damit anfangs Probleme und versuchen, die Bänder abzustreifen.

Rechte Winkel und Wendungen sind für den Hund einfacher. Einige Hunde neigen dabei jedoch zum Trödeln oder Hinterherhängen. Um dieses

Übung mit dem Weidezaunpfahl.

Problem zu beheben, können Sie auch hier das Spiel »Finde die Grundstellung« spielen. Mit dem Hund in Grundstellung stellen Sie sich mit der Schrittfolge für den rechten Winkel 90° nach rechts gewendet zum Hund.

Der Hund soll möglichst eng herumkommend die Position wieder finden. Klappt das flüssig, versuchen Sie, einige Schritte bei Fuß zu laufen

Grundübung für den linken Winkel: »Finde die Grundstellung«.

Grundübung für den rechten Winkel: »Finde die Grundstellung«.

und langsam einen rechten Winkel zu laufen. Langsam können Sie dann versuchen, die Folge in normalem Tempo zu laufen.

Eine weitere Möglichkeit bietet das Werfen von Spielzeug oder bei einem nicht an Spielzeug interessierten Hund das Werfen von Futter. Dazu halten Sie das Spielzeug in der linken Hand möglichst etwas versteckt vor dem Hund. Gehen Sie mit dem Hund einige Schritte bei Fuß und gehen dann einen rechten Winkel. Werfen Sie direkt nach dem Winkel das Spielzeug (oder Futter) nach vorne. Die meisten Hunde zeigen schon nach einigen Wiederholungen ein deutlich höheres Tempo im Winkel und bemühen sich, eng mitzukommen.

Die gleiche Übung können Sie auch mit einer 180°-Rechtskehrtwende machen.

Eine deutliche Schrittfolge erleichtert es dem Hund, zu erkennen, wann ein Winkel oder eine Wende gelaufen wird. Deshalb lohnt es sich, ein Trockentraining ohne Hund zu machen, bis Sie Ihre Füße sicher sortiert bekommen.

Sie können den Hund auch mit Futter vor der Nase um die Winkel locken, bedenken Sie aber, dass das bewusste Lernen durch Futter vor der Nase fast komplett blockiert wird! Der Hund kann sich dabei nicht aktiv auf seinen Körper konzentrieren und realisieren, was er tut. Ähnliches gilt für »Passiv«-Methoden, wie zum Beispiel den Versuch, den Hund mit der Leine eng am Körper halten zu wollen, indem man die Leine auf Spannung hält. Für den Hund ist das unangenehm und kann ihm ähnlich wie das Drücken und Schieben nicht helfen, aktiv und selbstständig durch Ausprobieren zu lernen. Ich hatte bereits weiter vorne das Beispiel mit dem Tennisaufschlag angeführt. Solche Manipulationen führen meist dazu, dass der Hund die Übung unangenehm findet und sie später nicht mehr gerne ausführt.

Seitwärtsgehen bei Fuß.

3

Die Box

Die Box ist ein Viereck von drei mal drei Metern Größe. Ihre Ecken werden durch Pylonen, Markierungsteller oder -halbkugeln gebildet, welche alle vier die gleiche Größe und Farbe haben müssen. Auf vielen Prüfungen ist die Box mit einem Band oder einem Kreidestrich umrandet, welches die Pylonen verbindet. Dies ist auf Prüfungen der Klasse 3, also nach dem FCI Reglement, inzwischen Pflicht.

In der Beginnerklasse und der Klasse 1 besteht die Übung darin, den Hund auf Anweisung in der Mitte der Box abzulegen und die Leine vor oder neben ihm auf dem Boden zu platzieren. Der Hundeführer entfernt sich daraufhin 15-20 Meter (je nach Klasse) vom Hund und ruft den Hund ins Vorsitzen ab. Anschließend (beides zählt als einzelne Übung) wird der Hund dann zurück zur Leine geschickt und dort mit einem Kommando ins Platz gebracht. Der Hund sollte nicht mehr als 50 cm von der Leine entfernt zum Liegen kommen. Es ist erlaubt, den Hund vorher mit »Steh« oder »Stopp« oder ähnlichem zu stoppen und erst dann ein Kommando für das Hinlegen zu geben. In der Beginnerklasse gilt eine Art »Tisch« Regel: Wenn der Hund nicht zu weit außerhalb liegt, bekommt er Punkte, erst wenn er so weit außerhalb liegt, dass er »heruntergefallen wäre«, kassiert man eine »Nullrunde«.

In der Klasse 2 muss der Hund dann in die Box geschickt werden, ohne zuvor darin gelegen zu haben und ohne dass die Leine dort platziert wurde, und zwar so, dass er am Ende möglichst mittig in der Box zum Liegen kommt. Dies ist sehr schwierig, denn Hunde haben kein räumliches Vorstellungsvermögen und haben somit nicht die Möglichkeit, wirklich zu verstehen, was die Mitte der Box ist. Nur durch viele Wiederholungen kann der Hund eine gute Idee davon bekommen, was von ihm gefordert wird.

In der Klasse 3 wird der Hund erst an einen einzeln stehenden Pylon (etwa 10 m entfernt) geschickt, um dann im 90° Winkel weiter in die Box geschickt zu werden, die entweder rechts oder links aufgebaut sein kann (etwa 25 m vom Ausgangspunkt entfernt).

Es gibt sehr viele verschiedene Möglichkeiten, die Box zu trainieren. Da kein Hund gleich ist, empfiehlt es sich, eine Methode zu probieren und eventuell mit einer anderen zu kombinieren oder auf eine andere umzusteigen, wenn Sie merken, dass Sie mit einer Methode gar nicht vorankommen.

METHODE 1: FREIES FORMEN DES ELEMENTES »ZUR LEINE LAUFEN«

Legen Sie Ihre Leine auf eine Wiese und beclicken den Hund für jedes Interesse daran.

Sobald der Hund verstanden hat, dass die Übung etwas mit der dort liegenden Leine zu tun hat, beginnen Sie, die Distanz zwischen sich und der Leine langsam zu erhöhen. So muss der Hund nun einige Schritte gehen, um zu der Leine zu gelangen. Klappt das über etwa fünf Meter gut, beginnen Sie, den Hund weiter entfernt abzusetzen und sich zwischen den Hund und die Leine zu stellen. Die Leine sollte ab jetzt immer in der Box liegen. Schicken Sie den Hund nun mit einer Handbewegung und einem Kommando zur Leine. So lernt der Hund, auch eine lange Strecke zur Leine zu laufen. Im weiteren Training stellen Sie sich nun immer weiter in Richtung des Hundes, bis Sie irgendwann neben ihm stehen und ihn die komplette Strecke schicken. Falls Ihr Hund dabei sehr langsam zur Leine läuft, können Sie entweder nur noch die schnelleren Versuche beclicken oder einige Male ein tolles Spielzeug oder Futter zur Leine legen. Der Vorteil dieser Methode besteht darin, dass der Hund wirklich verstehen kann, was er tun soll – nämlich zur Leine laufen. Dabei »bedient« er sich

Pongo erarbeitet sich das »zur Leine laufen« frei geformt.

schon von weitem der Pylonen als Orientierungshilfe, da er die Leine ja erst auf kürzere Distanz sehen kann. Das fördert die Wahrnehmung der Box als solche. Der Nachteil kann je nach Motivationsfähigkeit des Hundes sein, dass der Hund nicht sehr schnell zur Leine läuft.

Im Training sollten Sie sich nun entscheiden, ob Sie den Hund bei der Leine gleich ins »Platz« schicken wollen oder ihn erst ins »Steh« bringen wollen. Beide Kommandos muss der Hund jedoch zügig ausführen. Dazu können Sie beides auf Spaziergängen erst einmal getrennt üben, bis Sie das Gefühl haben, dass Ihr Hund eine Idee bekommt, dass Kommandos auch auf Distanz ausgeführt werden können. Dabei haben manche Hunde damit mehr Probleme als andere. Lassen Sie Ihrem Hund die Zeit, die er braucht! Belohnen Sie ihn immer unbedingt bei der Leine/in der Box, damit er nicht lernt, zu Ihnen zurückzukommen, um sich die Belohnung abzuholen. Sollten Sie mit einem Ball belohnen, werfen Sie diesen unbedingt hinter den Hund.

In den Klassen 2 und 3 ist es ein großer Vorteil, erst mit einem »Steh« zu arbeiten, damit man den Hund, falls er außerhalb der Box zum Stehen kommt, weiter in die Box dirigieren kann. Das gibt zwar Punktabzug, bei einem sofortigen »Platz« dürfen Sie den Hund jedoch nicht weiter dirigieren und wenn er auch nur mit einem Stück seiner Pfote außerhalb der Box liegt, sind alle Punkte weg. Falls Sie mit einem »Steh« arbeiten, geben Sie nur extrem selten das Platzkommando hinterher, denn sonst wird der Hund sich wahrscheinlich bald schon auf Ihr »Steh« von alleine hinlegen. Wenn Ihr Hund das Platzkommando gut kennt und Sie es getrennt oft trainieren, wird er sich hinlegen, wenn Sie es sagen. Belohnen Sie ihn also in 19 von 20 Fällen für das »Steh« und verlangen nur jedes 20. Mal »Platz«.

METHODE 2: AUFBAU MIT TARGET

Dazu können Sie den Targetstick nehmen und diesen nach und nach immer kleiner machen oder aber einen Pfotentarget benutzen. Dazu empfiehlt sich wieder ein Haftnotizzettelchen oder ein Bierdeckel, denn diese sind billig und lassen sich beliebig verkleinern. Anfangs können Sie diesen auf ein Mousepad oder ein Stück Teppich kleben, um eine größere Fläche zu haben. Sie können auch eine Fliegenklatsche oder den Targetstick in der Box in den

Der Bierdeckel als Target in der Box.

Boden stecken, denken Sie jedoch daran, ihn im Laufe der Übungszeit zu verkürzen und zu verkleinern.

Formen Sie mit dem Hund die Übung »Hinlaufen und eine Pfote draufstellen«, wobei ich finde, dass bei einem kleinen Zettel das Hinlaufen und Danebenstellen genügt.

Erweitern Sie die Distanz genauso wie bei Methode 1. Der Unterschied liegt bei der Targetmethode nun darin, dass Sie diese Übung später auch auf andere Aufgaben übertragen können. Sie können beim Üben für die Beginnerklasse (folgend Klasse 0 genannt) und Klasse 1 die Leine zum Target legen und beim Training für Klasse 2 und 3 nur den Target benutzen und den Hund aus verschiedenen Winkeln schicken. Dabei können Sie dann auch immer das gleiche Kommando, zum Beispiel »Box«, benutzen. Denken Sie bei dieser wie bei allen anderen Methoden daran, an vielen verschiede-

Die Fliegenklatsche als Target in der Box.

nen Orten zu üben, mit verschiedenen Pylonen und aus verschiedenen Richtungen (eine Box bietet ja immer vier Richtungen, aus denen man den Hund schicken kann). Versuchen Sie bei Fortschreiten des Trainings zu vermeiden, dass der Hund sehen kann, wie Sie die Box aufbauen und den Target hineinlegen. So können Sie sehen, ob der Hund schon eine Idee bekommt, dass zwischen den Pylonen der Target liegt und ob er sich an eben diesen Pylonen orientiert und die Box als Box erkennt. Im weiteren Training verkleinern Sie den Target. Im Training sollte in 49 von 50 Fällen ein Target in der Box sein. Wenn Sie Ihren Hund in die leere Box schicken, rufen Sie »Steh«, bevor der Hund den Target sucht. Reagiert er, clicken Sie ihn an und geben ihm einen Jackpot in der Box.

METHODE 3: DIE TELLERMETHODE

Hierzu benötigen Sie eine kleine weiße Untertasse. Diese positionieren Sie nicht genau in der Mitte der Box, sondern etwas weiter hinten. Legen Sie ein Leckerchen auf den Teller und schicken den Hund aus einer kurzen Entfernung dorthin.

Benutzen Sie von Anfang an das Kommando »Box«. Clicken Sie, kurz bevor der Hund das Leckerchen frisst. Anschließend geben Sie ihm das Kommando »Steh« (dieses muss er selbstverständlich erst gelernt haben) oder »Platz« und beclicken ihn für das Einnehmen dieser Position. Auch hier wird die Distanz nach und nach erhöht und der Hund wird aus verschiedenen Richtungen geschickt. Wichtig ist je-

Eine Untertasse mit Leckerchen darauf.

doch, dass das Leckerchen immer auf einem Teller liegt. Dadurch soll vermieden werden, dass der Hund mit der Nase sucht. Er soll bei der Box lernen, mit den Augen zu arbeiten. Im Training machen Sie es wie mit dem Target: In 9 von 10 Fällen steht ein Teller da. Ist kein Teller da, bekommt der Hund einen Jackpot in der Box, wenn er die Box trotzdem korrekt anläuft und stoppt.

Der Vorteil dieser Methode ist, dass die meisten Hunde von Beginn an mit sehr hohem Tempo in die Box laufen. Der Nachteil ist, dass einige Hunde das Futter suchen, wenn es nicht da liegt. Außerdem scheinen sehr gefräßige Hunde alles andere auszublenden und wenig zu lernen. Für viele Hunde klappt diese Methode allerdings hervorragend.

Der Hund soll zum Teller laufen, das Futter fressen, anschließend ins Platz gerufen werden und dort erneut belohnt werden.

METHODE 4: SPIELZEUG IN DER BOX

Dazu liegt ein Ball oder ein anderes tolles Spielzeug in der Box, ebenfalls im hinteren Teil. Sie können den Hund nun mit dem Kommando »Box« zum Ball schicken und clicken, kurz bevor er diesen nimmt. Auch dabei wird später in 9 von 10 Fällen der Ball in der Box liegen. Eine weitere Möglichkeit ist es, einen Ball in die Box an einen Target zu legen und, wenn der Hund dort ankommt, einen zweiten Ball nach dem Click hinter die Box zu werfen. Später wird dann der Ball, der in der Box liegt, weggelassen und nur noch der Target dort gelassen. Erreicht der Hund diesen, wird geclickt und der Ball hinter die Box geworfen.

Nachteil dabei ist, dass Sie bei größeren Entfernungen zielsicher und weit werfen müssen. Vorteil ist, dass der Hund mit sehr hohem Tempo in die Box läuft.

Auch gibt es die Methode, einen Ball hinter die Box zu legen und dem Hund nur beizubringen, durch die Box zu rennen. Später soll dann der Hund so schnell auf das Platzkommando gehorchen, dass er in der Box zum Liegen kommt. Dazu wird der Hund ebenfalls maximal einmal von zehn Versuchen zum Liegen gebracht. Diese Methode eignet sich jedoch nur für Hundeführer mit einem guten Gespür für Geschwindigkeit, gutem räumlichen Sehen und einem Hund, der sich schnell und ohne zu fragen hinwirft und/oder stehen bleibt.

METHODE 5: AUFBAU DURCH FREIES FORMEN

Obwohl Hunde kein räumliches Vorstellungsvermögen haben, berichten viele Hundeführer, dass ihr Hund sicher die Mitte der Box findet, wenn er sie über freies Formen erlernt hat. Vor allem, wenn der Hund von Welpe an die Box kennen lernt, scheint diese Methode sehr Erfolg versprechend. Dazu wird die Box anfangs mit einer sehr kleinen Größe, zum Beispiel 1 x 1 Meter, aufgebaut. Wenn der Hund in der Mitte ist (anfangs immer Zufall), bekommt er dort einen Jackpot. Dazu eignet sich sehr gut das Training zu den Fütterungszeiten. So kann der Hund als Jackpot sein Frühstück oder Abendessen in der Box bekommen. Sobald der Hund zielstrebig die Mitte der Box aufsucht, werden die Seitenlängen vergrößert. Sind Sie bei 2 x 2 Metern angelangt, fangen Sie an, die Box an allen möglichen und unmöglichen Orten aufzubauen und den Hund mit Jackpot zu belohnen, wenn er die Mitte findet. Vergrößern Sie die Distanz, die der Hund laufen muss, nur langsam. Schließlich vergrößern Sie die Box Stück für Stück auf 3 x 3 Meter.

Mit der neuen Regelung durch die Begrenzung mit Gurtband ist es deutlich leichter für den Hund, die Box per freiem Formen zu erlernen, denn die Verbindungslinien zwischen den Pylonen sind nun für ihn sichtbar. Er kann also erlernen, über die Linie aus

Gurtband zu laufen und in dem Quadrat zu stehen.

Der Vorteil ist hierbei, dass der Hund wirklich versteht, worum es geht. Der Nachteil ist, dass viele Hunde dazu sehr lange Zeit brauchen. Das Grundtempo kann hier auch durch spätere Kopplung mit anderen Methoden erhöht werden.

Ich empfehle Ihnen, den Hund an ein klares Handzeichen zu gewöhnen, welches für ihn eine Einstimmung darauf bedeuten soll, sich auf etwas vor ihm zu fokussieren und gleich geradeaus zu rennen. Ein leichtes Handzeichen ist auch in den höheren Klassen erlaubt und kann mit der linken Hand über dem Kopf des Hundes gegeben werden.

Gewöhnen Sie den Hund an ein Handzeichen, das ihm ankündigt, dass er gleich voranlaufen soll. So lernt er, sich bereits darauf einzustellen.

4

Das Heranrufen mit Vorsitzen

In verschiedenen Übungen im Obedience soll der Hund vorsitzen. Allerdings gibt es im europäischen Ausland diese Übung nicht. In diesen Ländern kommt der Hund bei den Übungen direkt in die Grundstellung. Einige Hundeführer stellen auch in Deutschland in den höchsten Klassen ihren Hund um und bringen ihm bei, gleich in die Grundstellung zu kommen, um somit eine »Fehlerquelle« weniger zu haben. Denn falls der Hund erst schief oder mit größerem Abstand vorsitzt und danach schief in die Grundstellung kommt, gibt das doppelt Abzüge. Kommt der Hund gleich in die Grundstellung, bekommt er nur einmal Abzüge, falls er dies nicht korrekt tut. Allerdings ist in Deutschland in den niedrigen Klassen das Vorsitzen bisher noch Pflicht, so dass ein direktes Kommen in die Grundstellung erst ab Klasse 3 möglich ist.

Es empfiehlt sich, das Abrufen auf Kommando mit einem hohen Grundtempo getrennt vom Vorsitzen zu üben. Eine Methode wäre folgende: Setzen Sie den Hund dazu einige Meter entfernt von sich ab und nehmen einen Ball in die Hand. Rufen Sie den Hund mit dem Kommando, zum Beispiel »Hier«, heran. Anfangs winken Sie gleichzeitig zum Kommando mit dem Ball, damit der Hund losrennt. Werfen Sie den Ball nach hinten durch Ihre gegrätschten Beine, so dass der Hund lernt, gerade auf Sie zuzulaufen.

Erhöhen Sie nun die Distanz. Im weiteren Training stehen Sie beim Rufen des Kommandos absolut still mit geschlossenen Beinen und werfen erst kurz bevor der Hund bei Ihnen angekommen ist den Ball durch die schnell gegrätschten Beine nach hinten. So soll erreicht werden, dass der Hund mit einem hohen Tempo herankommt, obwohl Sie regungslos dastehen.

Parallel dazu können Sie das Vorsitzen üben. Dazu gibt es wieder verschiedene Ideen:

METHODE 1: AUFBAU DURCH FREIES FORMEN

Dabei sitzen Sie anfangs auf einem Stuhl, die Beine angewinkelt, die Unterschenkel sollten einen Abstand von etwa 20 cm zueinander haben. Clicken Sie anfangs jedes Mal, wenn der Hund frontal auf Sie zuläuft, egal, wie klein der Schritt ist.

Der Hund sollte über mehrere Schritte dazu beclickt werden, sehr dicht vor Ihnen zu stehen. Nun können Sie ihm wie bei der Grundstellung hel-

fen, indem Sie einige Male das Kommando »Sitz« geben oder aber warten, bis er von selbst auf die Idee kommt, sich zu setzen. Anschließend wird Schritt für Schritt ein geraderes Sitzen beclickt.

Schließlich beginnen Sie, den Hund dichter an sich heranzuformen, das heißt also, dass sie für die Versuche clicken, in denen der Hund dichter vor Ihnen sitzt. Schließlich bekommt er nur noch dann einen Click, wenn er sehr dicht und sehr gerade vor Ihnen sitzt.

Hat der Hund nun verstanden, sich eng und gerade vor Sie zu setzen, beginnen Sie damit, sich weiter aufzurichten, zum Beispiel indem Sie sich auf mehrere Kissen setzen. In mehreren Trainingseinheiten sollten Sie versuchen, sich bis ins aufrechte Stehen mit hängenden Armen aufzurichten.

Erst jetzt beginnen Sie damit, das Kommando »Hier« dafür einzuführen. Bei kleinen Hunden ist es eine schöne Idee, sie für das »Hineinfalten« in die Lücke zwischen Ihren beiden Oberschenkeln zu clicken.

Dabei soll der Hund den Kopf nach oben gestreckt in diese Lücke legen. So sitzt der Hund sehr eng und meist auch gerade, da er sich an Ihnen ausrichtet.

Dazu müssen Sie die Beine minimal grätschen (etwa eine Fußbreite). Denken Sie jedoch später auf Turnieren daran, dass Sie ihre Grundstellung nicht verändern dürfen, wenn Sie den Hund in die Fußposition holen.

Vorsitz frei geformt in den einzelnen Schwierigkeitsstufen.

Das Heranrufen mit Vorsitzen

Der Hund wird ins Vorsitz gelockt.

METHODE 2:
AUFBAU DURCH LOCKEN

Bringen Sie den Hund am besten ins »Platz«. Stellen Sie sich ein bis zwei Schritte entfernt vor ihm auf. Mit gegrätschten Beinen »ziehen« Sie ihn nun mit einem Leckerchen in Ihren beiden Händen in die Vorsitzposition. Bei Hunden mit Berührungsängsten macht es Sinn, den Hund anfangs praktisch unter sich sitzen zu lassen und ihm das Leckerchen hinter Ihrem Gesäß zu geben. So verlieren die meisten Hunde die Angst, eng am Körper zu sitzen. Nach einigen Trainingseinheiten beginnen Sie, die gegrätschte Stellung enger zu machen, bis Sie schließlich normal stehen. Locken Sie den Hund trotzdem so eng an sich heran, wie es geht. Kombinieren Sie von Beginn an das Heranlocken mit dem Kommando »Hier«. Achten Sie darauf, am Ende aufrecht zu stehen und sich nicht nach vorn zu beugen!

Das rechte Bein geht zurück, um den Hund schön heranzuziehen, anschließend stellt man das rechte Bein wieder nach vorne heran (siehe Text).

Das Heranrufen mit Vorsitzen

Wenn Ihr Hund nicht eng an Sie herankommen mag, gibt es einige Tricks, um ihm das zu erleichtern. Sie können mit dem rechten Bein (nehmen Sie nicht das linke, damit der Hund es nicht mit dem Locken in die Grundstellung verwechselt!) einen leichten Wiegeschritt nach hinten machen, um ihn dichter heranzuziehen. Sobald der Hund sitzt, stellen Sie den Fuß wieder zurück an die alte Position: Nun sollte der Hund dichter als vorher sitzen. Bauen Sie diesen Schritt nach und nach ab.

Zeigt der Hund das Vorsitzen nun schon sicher, helfen Sie ihm immer weniger. Ziehen Sie das Futter nicht mehr von seiner Nase bis zu Ihrem Bauch, sondern halten Sie die Hände direkt vor Ihren Bauch und geben ihm nur das Hörzeichen.

Klappt das gut, bauen Sie das Futter ab. Geben Sie das gleiche Zeichen wie vorher mit den Händen, die nun jedoch leer sind. Sitzt der Hund jetzt schön vor, clicken Sie ihn an und belohnen ihn dann.

Als letzten Schritt müssen Sie nun noch die Handhilfe abbauen. Bewegen Sie Stück für Stück die Hände von Ihrem Bauch über Ihre Hüften, bis sie dann einfach locker herabhängen und beclicken Sie jeden Schritt dazu einzeln.

Die Handhilfe wird Schritt für Schritt ausgeschlichen.

**METHODE 3:
AUFBAU MIT TARGET**

Dazu benötigen Sie wieder Ihren Klebezettel. Beclicken Sie den Hund dafür, dass er ihn mit der Nase an anstupst. Kleben Sie den Zettel dann an eine Stelle, die so gewählt ist, dass der Hund diese aus dem Sitzen gut erreichen kann. Beclicken Sie ihn dafür, dass er sitzt und den Zettel mit der Nase berührt. Schneiden Sie dann Schritt für Schritt den Zettel kleiner und führen Sie das Hörzeichen ein.

Bei kleinen Hunden können Sie den Hund auch mit einem Targetstick oder einer Fliegenklatsche in die richtige Position lotsen und die Länge des Targets nach und nach verkürzen, bis nur noch Ihr Handzeichen übrig bleibt. So vermeiden Sie, sich stark über den Hund beugen zu müssen, was immer bedrohlich für den Hund wirkt. Selbstverständlich müssen Sie auch hier anschließend das Handzeichen abbauen, wie in der Übung »Vorsitzen durch Locken« beschrieben.

5

Die Bleib-Übungen

Die Bleib-Übungen im Obedience sind immer Gruppenübungen. Das heißt, dass die Hunde in einer Reihe nebeneinander mit einem Abstand von etwa fünf Metern zueinander bleiben müssen.

Dazu stellen sich die Teams in einer Reihe auf und gehen alle gemeinsam auf Anweisung des Ringstewards von den Hunden weg. Je nach Prüfungsstufe gibt es die Übungen »Sitzen und Bleiben« und »Abliegen und Bleiben« von unterschiedlicher Dauer. In der Klasse 2 muss der Hund liegen bleiben, während der Hundeführer sich außer Sichtweite befindet, in der Klasse 3 finden sogar beide Übungen, Absitzen und Abliegen, in Frauchens Abwesenheit statt. Meist werden dafür Schutzdienstverstecke genutzt oder es werden Verstecke in relativer Nähe eigens dafür aufgebaut. Sehr selten muss man sich dafür in ein Vereinsheim entfernen, was man aber durchaus im Training üben sollte.

Werden die Hunde abgelegt, so geschieht dies in den höheren Klassen der Reihe nach. Das bedeutet, dass zum Beispiel von links nach rechts auf Anweisung des Ringstewards alle Hunde nacheinander ins Hinlegen gebracht werden. Nach der Rückkehr der Hundeführer werden die Hunde in umgekehrter Reihenfolge wieder in die Grundstellung gebracht. Alle Schritte sollten mit dem Hund einzeln geübt werden.

»BLEIB« SCHRITT FÜR SCHRITT ERARBEITEN

Als Erstes muss Ihr Hund verstehen lernen, was Sie bei »Bleib« von ihm wollen. Das heißt, er soll lernen »Bleib« = »Warte in genau dieser Position, bis ich dir etwas anderes sage, egal was ich tue.«

Dazu fangen Sie natürlich einfach an. Bringen Sie dem Hund zunächst bei, eine Position länger beizubezuhalten. Eine gute Möglichkeit ist es, den Zeitraum bis zum belohnenden Click langsam zu verlängern. Bringen Sie den Hund ins Sitz oder Platz und sagen Sie »Bleib«, »Warte« oder ein anderes gewähltes Kommando (das Sie natürlich dann konsequent beibehalten müssen). Bleiben Sie anfangs dabei vor Ihrem Hund stehen. Zählen Sie bis fünf und clicken den Hund dann an. Bei sehr hektischen Hunden, die kaum stillhalten können, kann es anfangs nötig sein, schon nach einer Sekunde zu clicken. Haben Sie auch weiterhin Mühe, den Hund länger als eine Sekunde in dieser Position zu halten, ist es eine gute Hilfe, den Hund ein paar Sekunden lang frequent zu füttern (jede Sekunde ein Leckerchen), so dass er sich generell daran gewöhnt, diese Position für längere Zeit einzuhalten. Klappt das sicher, verlängern Sie langsam die Pausen zwischen dem Füttern. So hat Ihr Hund gelernt, ruhig in dieser Position zu verweilen, ohne dass er es so richtig merkt!

Wenn das gut klappt und der Hund die Position sicher beibehält, versuchen Sie nach dem Bleibkommando vom Hund wegzugehen und anschließend sofort wieder auf ihn zu. Dann clicken Sie ihn an. Verlängern Sie langsam die Schrittanzahl, die Sie weggehen. Klappt das gut, versuchen Sie, mit dem Rücken zum Hund wegzugehen. Viele Hunde stehen dann auf und wollen Ihnen folgen. In diesem Fall gehen Sie eine Schwierigkeitsstufe zurück und drehen ihm den Rücken zu, ohne wegzugehen. Drehen Sie sich dann wieder dem Hund zu und clicken ihn an. Nach einigen Wiederholungen sollten Sie sich von ihm wegbewegen können, ohne dass er Ihnen folgt. Erhöhen Sie nun die Distanz der Schritte, bis Sie sich auf 20 Schritte entfernen können. Gehen Sie sofort am Ende der 20 Schritte zurück und clicken den Hund an. Jedes zweite Mal sollten Sie den Hund anclicken, wenn Sie von ihm weggehen, also nach etwa ein bis drei Schritten und noch im Weggehen. Für viele Hunde ist es das Schwierigste, dass Sie weggehen, also belohnen Sie diesen Schritt oft.

Füttern im Liegenbleiben.

Anschließend können Sie beginnen, die Zeitspanne zu erhöhen. Bleiben Sie in den 20 Schritten Entfernung dem Hund zugewandt stehen. Vorteilhaft ist es, immer eine bestimmte Körperhaltung einzunehmen, die dem Hund signalisiert, dass nun außer dem Warten nichts weiter passiert. Sie können zum Beispiel ein Bein etwas anwinkeln, die Arme hinter den Rücken nehmen oder sie verschränken.

Manchen Hunden hilft es, wenn man sie nicht anschaut, denn sie erwarten immer, dass gleich etwas passiert, wenn der Hundeführer Blickkontakt aufnimmt.

Anfangs bleiben Sie nur zwei Sekunden stehen und gehen dann zurück zum Hund. Verlängern Sie die Zeitspanne vorsichtig, je nach Hund bleiben Sie zwei bis zwanzig Sekunden länger stehen und warten. Steht der Hund nur ein einziges Mal auf, haben Sie ihn überschätzt. Machen Sie dann die Zeitspanne wieder kürzer und bemühen Sie sich, so langsam wie nötig voranzugehen.

Ich empfehle Ihnen, die Übung ruhig auf fünf Minuten oder sogar noch länger zu steigern, falls Sie und Ihr Hund noch eine Begleithundeprüfung machen müssen. Üben Sie vor allem das Sitzenbleiben, denn vielen Hunden fällt das besonders schwer und sie legen sich lieber hin.

Parallel dazu sollten Sie das Bleiben aus der Grundstellung heraus üben, ebenso wie das erneute Herantreten an den Hund. Bringen Sie den

Gespannte Körperhaltung.

Die Körperhaltung signalisiert: Jetzt passiert nur »Bleib«!

Hund in die Grundstellung und geben ihm das Kommando für »Bleib«. Wollen Sie »Platz und Bleib« üben, geben Sie ihm das Kommando zum Hinlegen. Dieses darf jedoch nur ein Hörzeichen sein, Sie dürfen keinerlei Körperhilfe geben!

Üben Sie dies gegebenenfalls erst getrennt, bis der Hund es sicher beherrscht. Treten Sie beim Weggehen erst einen Schritt nach rechts zur Seite und gehen Sie dann weg vom Hund. Dieses Ritual soll dem Hund wiederum verdeutlichen, dass es sich um eine Bleib-Übung handelt. Clicken Sie oftmals im Weggehen, wenn er sitzen bleibt. Das Weggehen ist, wie bereits erwähnt, für den Hund der schwierigste Teil, weshalb Sie ihn oftmals belohnen sollten.

Tipp:

Schaffen Sie mit Hilfe Ihrer Körpersprache Rituale, die dem Hund signalisieren, welche Übung gleich folgt. Gehen Sie z.B. beim »Bleib« immer erst einen Schritt zur Seite und dann weg vom Hund oder nehmen Sie immer die gleiche Haltung ein, wenn Sie wartend stehen bleiben und der Hund solange im »Bleib« verharren soll. (siehe Bilder Seite 72)

Wenn Sie zum Hund zurückkommen, versuchen Sie, sich an seine rechte Seite zu stellen, so dass er also links von Ihnen sitzt oder liegt. Viele Hunde stehen dann auf, weil es ihnen zu eng wird. In dem Fall stellen Sie sich so weit weg neben ihn, dass er noch liegen bleibt. Clicken Sie ihn an. Versuchen Sie vorsichtig, bei jedem Mal ein bisschen näher an ihn heranzutreten, ohne dass er aufsteht. Steigern Sie dies, bis Sie nahe neben ihm stehen können und er liegen bleibt.

AUFSETZEN IN DIE GRUNDSTELLUNG

Auch das Aufsetzen in die Grundstellung sollten Sie üben. Der Hund darf sich nicht aufsetzen, wenn Sie sich neben ihn stellen, sondern erst, wenn Sie ihm das Kommando »Fuß« oder ein anderes Kommando zum Hinsetzen geben.

Falls Ihr Hund das Kommando noch nicht in der Position beherrscht, helfen Sie ihm anfangs, indem Sie ihn mit einem Targetstick nach oben »ziehen«. Sie können ihn auch mit einem Leckerchen hochlocken, bedenken Sie aber, dass das Lernen auf diese Art immer blockiert wird und länger dauert.

Wichtig ist, dass der Hund sich nur mit den Vorderbeinen bewegt, also eine Art Liegestutze macht. Der Po soll dabei bleiben, wo er ist. Das bedeutet für Sie beim Herantreten an den Hund, dass Sie sich weiter an das hintere Ende des Hundes stellen, damit er nach dem Aufstehen korrekt in der Grundstellung sitzt. Bauen Sie die nach oben ziehende Hilfe immer weiter ab, bis Sie nur noch das Hörkommando geben müssen.

Der Targetstick als Lernhilfe zum Aufsetzen.

Aufsetzen mit Locken durch Futter erarbeitet.

Hier steht Gitta zu weit vorne.

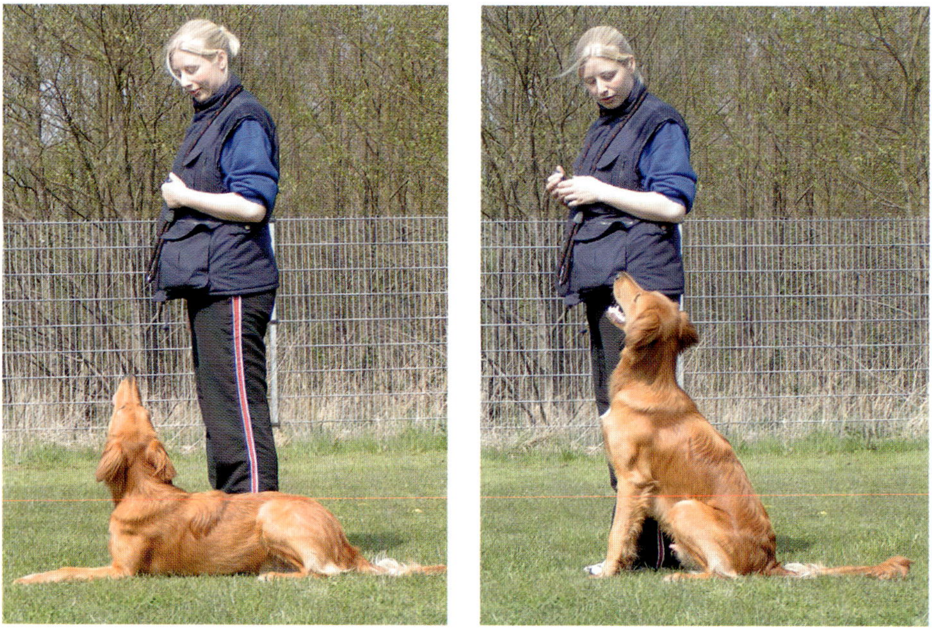

Hier steht sie korrekt.

Nacheinander legen sich die Hunde auf Anweisung ab.

»BLEIB« IN DER GRUPPE

Klappen all diese Dinge im Training alleine gut, können Sie mit einer Gruppe trainieren. Stellen Sie sich alle in Reihe auf und einigen Sie sich, in welcher Reihenfolge Sie die Hunde ablegen. Wenn jemand aus der Gruppe ein Platzkommando gibt, clicken Sie Ihren Hund an, wenn er sitzen bleibt.

Hunde scheinen übrigens sehr gut Richtungshören zu können und haben anscheinend keine Probleme damit, genau zu unterscheiden, welcher Click ihnen galt, wenn mehrere Hundebesitzer gleichzeitig mit dem Clicker trainieren. Durch die Wortkommandos anderer hingegen fühlen sich viele Hunde angesprochen und legen sich hin, ohne dass sie an der Reihe sind. Vermeiden Sie dies, indem Sie nach den Kommandos anderer Ihren Hund für das Halten seiner Position belohnen! Beclicken Sie ihn jedoch auch, wenn er sich auf Ihr Kommando schnell hinlegt.

Üben Sie auch, beim Zurückkommen einmal hinter die Hunde zu treten.

Selbiges gilt für das Zurückkommen. Wenn die anderen Hunde das Kommando für das Aufsetzen erhalten, clicken Sie Ihren Hund für das Liegenbleiben an. Erst wenn Sie ihm sein Kommando geben, darf er sich setzen und wird dafür belohnt.

Üben Sie auch in der Gruppe mit Ablenkungen: Lassen Sie eine Person durch die Hunde Schlangenlinien laufen oder gehen Sie beim Zurückgehen an den Hunden vorbei und stellen sich hinter sie.

All diese Dinge werden in höheren Klassen verlangt, und je eher und häufiger Sie sie üben, desto sicherer werden Sie.

»BLEIB« AUSSER SICHT

Um das Abliegen außer Sicht zu üben, empfehle ich Ihnen, es an möglichst vielen verschiedenen Orten zu trainieren, damit der Hund die Übung generalisieren kann. Dies ist zwar bei allen Übungen wichtig, doch gerade diese Übung erfordert besonderes viel Vertrauen vom Hund.

Anfangs ist es nützlich, kleinere, für den Hund undurchsichtige Hindernisse zu umlaufen, während der Hund bleiben muss. Dazu können Sie Bäume oder Buschreihen auf Spaziergängen nehmen oder einen Geräteschuppen auf dem Platz.

Schließlich bleiben Sie auf Ihrer Umrundung immer ein Stück länger hinter dem Hindernis verschwunden. Achten Sie darauf, die Zeiten immer so kurz zu halten, dass Ihr Hund auf keinen Fall aufsteht. Er soll nicht die Erfahrung machen, dass es sich lohnt, Sie zu suchen, denn dass er Sie findet, ist in dem Fall eine sehr große Belohnung!

Erhöhen Sie die Zeit auf bis zu fünf Minuten. Selbst wenn es in der Prüfung maximal vier Minuten sind, werden Sie sich besser fühlen, wenn fünf Minuten immer sicher klappen.

Nun können Sie auch in Ihrer Abwesenheit eine Person als Ablenkung durch die Hundegruppe gehen lassen. Damit sind Sie für alle Bleib-Übungen im Obedience gewappnet.

6

Steh und Betasten

Diese Übung gibt es nur in der Beginnerklasse. Dabei geht man auf Anweisung des Ringstewards einige Schritte, hält an und bringt den Hund auf Anweisung aus der Grundstellung heraus ins Steh. Dann tritt man vom Hund ab und stellt sich ihm gegenüber. Der Ringsteward fasst den Hund an, streicht ihm über den Rücken, manche heben auch ein Bein an. Der Hund soll dabei möglichst still stehen. Das ist vor allem für ängstliche Hunde eine schwierige Aufgabe. Der Ringsteward kann den Hund ansprechen oder sich sogar neben ihn hocken, auch solche Situationen sollten deshalb ins Training eingebaut werden. Generell tritt der Ringsteward jedoch seitlich an den Hund heran und starrt ihn nicht direkt an, meist beugt er sich aber beim Betasten etwas über den Hund.

Der Ringsteward tritt seitlich an den Hund heran.

Zuerst soll der Hund das Kommando »Steh« lernen. Dazu gibt es wiederum zwei Möglichkeiten.

METHODE 1: AUFBAU DURCH LOCKEN MIT FUTTER

Dazu stellen Sie sich vor den sitzenden Hund und nehmen ein Leckerchen in die Hand. Am besten klemmen Sie es zwischen Daumen und flache Handfläche. Nun halten Sie dem Hund die so präparierte Hand vor die Nase und bewegen sie minimal von seiner Nase nach vorne hin weg.

Sobald sich der Po des Hundes vom Boden anhebt, versuchen Sie, mit der Hand wieder eine minimale Bewegung in Richtung Brust des Hundes zu machen, ohne jedoch dabei die Hand anzuheben (sonst setzt sich der Hund wieder). Wenn der Hund steht, bekommt er sein Leckerchen. So haben Sie für das »Steh« später gleich ein

Handzeichen eingeführt. Nachteil bei dieser Methode ist allerdings, dass der Hund eine leichte Vorwärtsbewegung macht, was bei der Distanzkontrolle von Nachteil sein kann. Deshalb bevorzuge ich Methode 2.

METHODE 2: AUFBAU DURCH FORMEN AUS DEM RÜCKWÄRTSGEHEN

Setzen Sie den Hund hin und stellen Sie sich vor ihn. Halten Sie nun eine Hand mit der Handinnenfläche zum Hund zur Seite heraus und gehen Sie frontal auf den Hund zu. Je nach Hund müssen Sie dabei zügig gehen und recht vehement sein. Der Hund wird an einem bestimmten Punkt nach hinten wegspringen, um Ihnen auszuweichen – wobei sich auch sein Po nach oben bewegen wird. Diesen Punkt müssen Sie genau anclicken.

Falls Ihr Hund schon ein Kommando für Rückwärtsgehen kennt, können Sie natürlich auch dies geben, wenn er sitzt und nach einigen Versuchen warten, bis er das nach Aufstehen nach hinten hin von selbst anbietet.

Wiederholen Sie das einige Male und zögern Sie nach und nach den Click hinaus, bis der Hund wirklich für eine Sekunde steht.

Klappt das sicher, bauen Sie das frontale Zugehen auf den Hund wieder ab und benutzen Sie nur noch das Handzeichen, indem Sie mit der Hand eine leicht schiebende Bewegung zum Hund hin machen.

Melanie macht einen Schritt auf Elva zu und beclickt das Wegspringen nach hinten.

Steht der Hund sicher auf das Handzeichen hin auf, beginnen Sie, ein Hörzeichen einzuführen. Sagen Sie erst »Steh« und geben Sie dann das Handzeichen.

Wenn Ihr Hund dies sicher kann, beginnen Sie, ihn aus der Grundposition ins Steh zu bringen. Geben Sie ihm anfangs noch ein deutliches Handzeichen, das Sie dann mit fortschreitendem Training abbauen können. Clicken Sie anfangs für das Aufstehen an sich, egal, ob der Hund gerade bei Fuß steht oder etwas wegspringt. Wenn er sicher versteht, dass er aufstehen soll, können Sie nach und nach beginnen, nur noch diejenigen Versuche anzuclicken, in denen er gerader steht als vorher.

Falls das gar nicht klappt, können Sie anfangs an einer Wand stehend üben, die ihn daran hindert, sich schief aufzustellen. So verschaffen Sie ihm einfacher Erfolge.

Nun müssen Sie als Nächstes trainieren, dass Ihr Hund stehen bleibt, wenn Sie von ihm wegtreten. Gehen Sie dazu ähnlich vor wie beim »Bleib«. Geben Sie dem Hund zuerst das Kommando »Steh« und danach »Bleib« und treten einen Schritt zur Seite. Treten Sie gleich wieder an ihn heran und clicken ihn an. In den weiteren Versuchen stellen Sie sich immer etwas weiter weg von ihm und beginnen langsam, sich ihm gegenüber zu stellen. Beginnen Sie dabei mit einer Drehung von 45° über 90°, 135° bis hin zu 180°.

Zum Steh und Betasten treten Sie aus der Gruppe hervor und bringen den Hund aus der Grundstellung ins Steh.

BETASTEN ÜBEN MIT HILFSPERSON

Klappt das Wegtreten, Gegenüberstellen und erneute Herantreten an den stehenden Hund, benötigen Sie jemanden, der den Ringsteward spielt und den Hund betastet.

Es empfiehlt sich, mit so vielen verschiedenen Personen wie möglich zu trainieren. Anfangs sollte die Person sich dem Hund langsam seitlich nähern, ohne diesen anzusehen. Sehr ängstliche Hunde sollten für jeden kleinsten Schritt der Annäherung beclickt werden. Je mehr sie dabei belohnt werden, desto eher können sie ihre Angst abbauen!

Sobald die Person neben dem Hund stehen kann, ohne dass dieser sich bewegt, kann sie vorsichtig beginnen, den Hund mit Leckerchen vor der Nase abzulenken und ihn zu füttern, damit er stehen bleibt. Scheuen Sie sich nicht, Ihrem Hund anfangs diese Hilfe zu geben! Sie können sie ja in den folgenden Trainingseinheiten wieder abbauen. Steigern Sie die Übung von kurzen Berührungen der Person hin zum Abtasten des Rückens und der Beine.

Bei extrem ängstlichen Hunden empfiehlt es sich, regelrechte »Fütterungssessions« zu machen, in denen verschiedenste Personen kommen und den Hund füttern, um diesem eine gute Positiv-Verknüpfung zu ermöglichen. Dabei soll der Hund möglichst freiwillig Kontakt aufnehmen und kein Kommando bekommen. Später können dann die Personen an den in der Grundstellung stehenden Hund herantreten und diesen füttern, bevor sie schließlich versuchen, ihn anzufassen.

Üben Sie, wieder an den Hund heranzutreten.

7

Weitere Gruppenübungen

In der Beginnerklasse gibt es noch zwei weitere Gruppenübungen: Das Zeigen der Zähne und das Verhalten gegenüber anderen Hunden.

ZÄHNE ZEIGEN

Beim Zeigen der Zähne gehen Sie wiederum einige Schritte aus der Gruppe heraus und halten an. Anschließend heben Sie die Lefzen des Hundes so, dass der Richter alle Zähne sehen kann. Drehen Sie dabei den Kopf des Hundes einmal nach rechts und einmal nach links. Falls Ihr Hund diese Übung sehr unangenehm findet und sich wehrt, müssen Sie auch dies in kleinsten Schritten beclicken. Das kann zum Beispiel am Anfang das Anfassen seines Kopfes sein. Weitere Schritte könnten das Anheben der Lefze bis zum vollen Zeigen der Zähne und das Drehen des Kopfes sein. Die meisten Hunde haben mit dieser Übung wenig Probleme.

VERHALTEN GEGENÜBER ANDEREN HUNDEN

Bei der Übung »Verhalten gegenüber anderen Hunden« stehen alle Teilnehmer der Beginnerklasse in der Reihe. Ein Teilnehmer geht nach vorne heraus und in einem Abstand von etwa einem Meter um alle anderen einmal herum.

Dabei muss der Hund nicht perfekt bei Fuß gehen, sondern kann entspannt an lockerer Leine laufen. Er soll zeigen, dass er freundlich und gleichgültig gegenüber den anderen Hunden ist. Wieder an seinem Platz angekommen, geht das Team erst von vorne durch die Lücke seines Platzes nach hinten und dreht dort um, um sich wieder auf seinen Platz zu stellen. Daran zu denken ist vor allem dann wichtig, wenn man

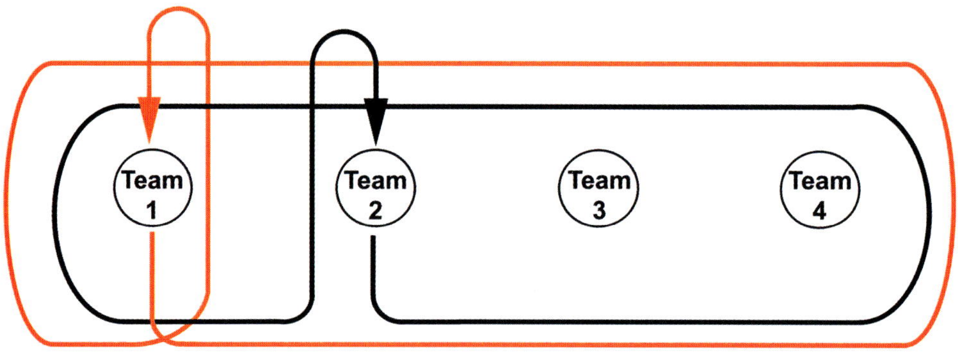

Laufschema »Verhalten gegenüber anderen Hunden«.

einen Platz ganz rechts oder links in der Reihe hat.

Haben Sie einen Hund, der Probleme mit anderen Hunden hat, versuchen Sie anfangs, die Gruppe mit mehr Abstand zu umrunden und den Hund sehr häufig zu belohnen, sobald er sich ruhig verhält. Sie können auch versuchen, ihn mit Futter vor der Nase abzulenken, wobei aber der Lerneffekt für ihn größer ist, wenn er selbst herausfindet, dass ruhiges Verhalten erwünscht ist. Wenn er dazu einen größeren Abstand braucht, soll er diesen bekommen. Erst wenn es damit sicher klappt, können Sie den Abstand wieder langsam verringern. Üben Sie in einem solchen Fall vor allem mit vielen verschiedenen Hunden, denn die Hunde gewöhnen sich schnell aneinander.

Die anderen Hunde bleiben bei Fuß sitzen, während ein Hund um die Gruppe herumläuft.

8

Distanzkontrolle

Für viele Hundeführer ist dies eine echte Angstübung. Wichtig ist bei der Distanzkontrolle vor allem ein über lange Zeit langsam aufgebautes Training. Die größte Gefahr liegt darin, dass der Hund sich bei den Positionswechseln vorwärts bewegt.

In der Prüfungsstufe O1 gibt es nur den Wechsel Platz-Sitz-Platz, in der O2 ist es Platz-Sitz-Steh-Platz und in der O3 kommen sechs Positionswechsel vor. Gängigerweise kommen die Möglichkeiten die »Platz-Sitz-Steh-Platz« und »Platz-Steh-Sitz-Platz« vor, rein theoretisch sind aber alle Kombinationen erlaubt. Dabei hat jeder Hund andere »Techniken« und daraus resultierende Probleme.

Hier sollen nacheinander die verschiedenen Wechsel mit Trainingsideen besprochen werden. Wichtig als Grundregel ist jedoch gerade bei der Distanzkontrolle, den Hund immer am Ort oder besser noch nach hinten zu belohnen. Alle Übungen der Distanzkontrolle lassen sich überall zwischendurch mit dem Hund trainieren und ich empfehle Ihnen, dies auch so viel wie möglich zu tun. Viele Trainer lassen den Hund die Übungen anfangs auf einem Podest oder einem Tisch machen, um ihm eine eventuelle Vorwärtsbewegung gleich abzugewöhnen. Dies kann dem Hund sicherlich helfen, seine Technik zu verbessern, dennoch handelt es sich um einen komplett anderen Kontext und Sie müssen sehen, ob der Hund es auch problemlos auf den Boden übertragen kann. Ich halte es für einfacher, dem Hund von vornherein die richtige Bewegung auf dem Boden beizubringen.

WECHSEL VON »PLATZ« ZU »SITZ«

Diese Übung scheint für viele Hunde schon körperlich ein Problem zu sein. Viele Hunde stehen erst auf und setzen sich dann wieder hin. Dies ist jedoch unerwünscht und Sie sollten Ihren Hund unbedingt dazu bringen, nur die Vorderbeine zu bewegen, also eine Bewegung ähnlich wie eine Liegestütze zu machen. Dabei ist es wichtig, dass der Hund sich schön aufrecht setzt und nicht halb im Sitz und halb im Platz dasitzt. Dazu gibt es mehrere Trainingsansätze:

Methode 1: Aufbau durch Locken

Nehmen Sie dazu in diejenige Hand, mit der Sie später die Handzeichen geben wollen, ein Leckerchen oder den Ball. Stellen Sie sich vor den Hund und zeigen ihm kurz die Belohnung.

Der Hund zeigt keine Vorwärts- oder Rückwärtsbewegung, perfekt!

Führen Sie ihn ein- oder zweimal damit ins Sitz. Bei den nächsten Versuchen reißen Sie den Arm senkrecht nach oben und werfen dabei die Belohnung in einem Bogen nach oben hinter den Hund. Dieser wird anfangs aufstehen und sich die Belohnung holen. Zeigt er nach einigen Versuchen keine Ansätze, kurz zu sitzen, führen Sie ihn erst wieder langsam mit der Leckerchenhand ins Sitz und werfen dann die Belohnung hinter ihn. Die meisten Hunde verstehen diese Übung schnell und setzen sich schnell und vor allem gut aufrecht auf. Warten Sie in den folgenden Übungen nach dem Hochreißen des Arms, bis der Hund sitzt, clicken Sie dann und werfen anschließend die Belohnung. Wenn Sie mit Futter arbeiten, können Sie versuchen, es so zu werfen, dass der Hund es fängt. Mit Hilfe dieser Übung lässt sich auch gut die Distanz aufbauen: So weit wie Sie werfen können, haben Sie es noch leicht. Zeigt der Hund den Wechsel sicher, wenn Sie die Belohnung in der zeichengebenden Hand haben, versuchen Sie, diese Hand leer zu lassen und den Hund nach dem korrekten Wechsel erst anzuclicken und anschließend die Belohnung aus der Tasche zu holen und dann zu werfen.

Methode 2: Aufbau mit Target

Wenn der Hund weiß, dass er den Target mit der Nase berühren soll, können Sie ihm mit dem Target die Nase »nach oben ziehen«. Sobald das sicher klappt, können Sie beginnen, den Target immer kürzer und die Bewegung kleiner zu machen. Umschließen Sie dann den Target mit der Hand, um aus der Bewegung ein Handzeichen machen zu können. Kombinieren Sie das bei Bedarf mit dem Hörzeichen für »Sitz«.

Beim Aufbau der Distanz gehen Sie bei beiden Methoden geduldig vor: Gehen Sie nur langsam einen Schritt nach dem nächsten weiter weg, damit der Hund die Chance hat, das Verhalten korrekt zu zeigen. Leider passiert es schnell, dass man sich zu weit entfernt hat und den Hund »nach vorne zieht«. Versuchen Sie bei diesem sowie allen anderen Wechseln die Distanz auf zwanzig Schritte zu erhöhen. In einer Prüfung sind es fünfzehn Meter.

Eine gute Hilfe ist es, dem Hund beizubringen, dass die Belohnung hinter ihm liegt und er diese nach dem Auflösekommando holen darf. Viele Hunde zeigen dadurch eine geringere Tendenz, auf Sie zuzukommen. Einige Hunde schauen dann jedoch nicht mehr zum Hundeführer, sondern nur noch hinter sich. Eine gute Abhilfe bietet bei einem solchen Hund, ihn einmal von vorne bei Ihnen zu belohnen und ihm manchmal zu gestatten, die Belohnung hinter sich zu holen.

WECHSEL »SITZ« ZU »PLATZ«

Dieser Wechsel ist für die meisten Hunde einfach. Versuchen Sie jedoch, hierbei die schnelleren Versuche herauszuclicken, denn auch die Geschwindigkeit der Wechsel wird bewertet. Auch hier können Sie Ihrem Hund bei großen Problemen gut mit dem Targetstick helfen.

Sind vorher einige andere Wechsel erfolgt, bei denen der Hund eine Vorwärtsbewegung zeigt, bringen manche Hundeführer ihrem Hund ein Sonderkommando wie z.B. »Floor« bei, welches von ihm verlangt, zum Hinlegen nicht mit den Vorderbeinen wieder nach vorn zu kommen, sondern die Vorderbeine stehen zu lassen und den Po nach hinten zu schieben.

Um Ihrem Hund ein solches Kommando beizubringen, stellen Sie sich wiederum dicht vor den sitzenden Hund und versuchen, ihn mit einem nach hinten schiebenden Handzeichen zum Liegen zu bringen. Sie können auch warten, bis er es von selbst anbietet. Da Sie ihm nach vorne keinen Platz lassen, muss er sein Hinterteil bewegen. Dazu muss er es kurz etwas anheben, um es dann nach hinten zu schieben. Beclicken Sie jegliche Versuche in diese Richtung. Lassen Sie dem Hund Zeit zum Auszuprobieren.

Zeigt er nach etlichen Trainingseinheiten das Verhalten sicher, führen Sie ein Hörzeichen ein, das deutlich anders klingt als Ihr Platzkommando. Bedenken Sie, dass es sehr lange dauern kann, bis der Hund dieses sicher von Ihrem normalen Platzkommando unterscheiden kann.

Von Sitz zu Platz, der Bewegungsablauf geht nach hinten.

Für den Start in Klasse 3 ist ein solches Kommando sehr nützlich: Sie vermeiden Vorwärtsbewegungen, aber es gilt auch nicht als wirkliche Rückwärtsbewegung, da die Vorderbeine bleiben, wo sie sind.

WECHSEL »PLATZ« ZU »STEH« UND »SITZ« ZU »STEH«

Das »Steh« sollte Ihr Hund schon aus der Übung »Steh und Betasten« kennen. Nun müssen Sie nur noch beginnen, die Distanz langsam zu erhöhen. Die meisten Hunde haben nach einigen Übungen kein Problem, das »Steh« auch aus dem »Platz« sicher zu zeigen.

Eine weitere Möglichkeit, dem Hund das »Steh« beizubringen und schneller zu bekommen, ist die Arbeit mit Spielzeug oder Futter, welches hinter den Hund geworfen wird. Diesmal reißen Sie den Arm jedoch nicht nach oben, sondern halten die Hand neben Ihrem Körper und werfen den Ball auf niedriger Höhe am Hund vorbei. Steht er nun auf, clicken Sie.

Anfangs wird der Hund nicht stehen, sondern sich nur umdrehen und nach hinten rennen. Dazu muss er aber aufstehen. Erwartet er schon, was kommt, täuschen Sie möglichst echt einen Wurf an. Die meisten Hunde springen in der Erwartung auf. Clicken Sie diesen Augenblick an und werfen erst anschließend. So verlängern Sie die Zeit, die der Hund stehen muss. Versuchen Sie im weiteren Trainingsverlauf, ein immer saubereres Steh zu bekommen.

Beginnen Sie dann, die »Wurf-Antäusch-Bewegung« mit der leeren Hand zu machen. Steht der Hund auf, clicken Sie und werfen schnell mit der anderen Hand. Schließlich wird auch das verzögert, bis die Belohnung erst nach dem Click aus der Tasche kommt.

Einige Hundeführer möchten die Übungen so aufbauen, dass die Hinterbeine immer statisch bleiben, nicht die Vorderbeine. Dazu können Sie für das »Steh« den Hund aus dem Sitz etwas nach vorne locken, entweder mit einem Leckerchen oder einem Target. Die Bewegung von seiner Nase weg sollte aber so minimal sein, dass er nur die Vorderbeine bewegt.

Er sollte dabei keinen Schritt nach vorn machen. Sobald Sie sehen, dass er aufsteht, bewegen Sie die Hand wieder auf seine Nase hin zu, um die Vorwärtsbewegung wirklich so minimal wie möglich zu halten.

WECHSEL »STEH« ZU »PLATZ«

Manche Hunde zeigen bei dieser Übung eine Vorwärtsbewegung, die bei mehreren Wechseln hintereinander Probleme bereiten kann. Versuchen Sie Ihrem Hund beizubringen, sich wie ein Klappmesser nach hinten hinzulegen. Das heißt, dass die Vorderbeine auf einer Stelle bleiben und nur der Rest des Körpers sich bewegt, der Hund sich also erst verbeugt und dann der Po nach unten plumpst.

Dies ist für den Hund am einfachsten zu verstehen, indem Sie ihm mit einem Targetstick helfen. Bewegen Sie dem stehenden Hund den Targetstick nach unten zwischen seine Vorderbeine. Sobald die Nase folgt und er sich verbeugt, clicken Sie. Nach einigen Versuchen warten Sie länger ab, bis der Hund sich hinlegt. Zeigt der Hund die Bewegung sicher, verkürzen Sie den Targetstick. Verstecken Sie ihn wiederum in Ihrer Hand und denken sich ein passendes Handzeichen aus. Das kann zum Beispiel ein nach unten zeigender Finger oder die mit der Handfläche nach unten zeigende, zum Hund schiebende Hand sein. Anfangs werden Sie sich noch bücken müssen, um dem Hund mehr zu helfen, die Hand also zwischen seine Vorderbeine halten. Versuchen Sie aber dann, sich mehr und mehr aufzurichten. Achten Sie dabei genau auf Ihren Hund, damit er den Click wirklich nur dann bekommt, wenn er sich wie ein Klappmesser hinlegt. Legt er sich anders, bekommt er keinen Click. Auch hier kann es lange dauern, bis der Hund diesen Bewegungsablauf erlernt. Sobald er ihn sicher zeigt, wenn Sie aufrecht stehen, beginnen Sie, ein Hörzeichen einzuführen. Auch dieses sollte sich deutlich von Ihrem »Alltags-Platz« unterscheiden. Beginnen Sie dann langsam, die Distanz zu erhöhen.

Natürlich ist auch das kein Muss und es gibt viele Hunde, die sich normal hinlegen, das heißt, sie lassen sich einfach fallen und die Vorderbeine bewegen sich dabei etwas nach vorn. Beobachten Sie Ihren Hund genau bei den Wechseln, um zu sehen, wie stark seine Bewegungen sind und entscheiden Sie sich dann, ob Sie eine andere Methode wählen wollen.

WECHSEL »STEH« ZU »SITZ«

Diesen Wechsel stellen sich viele Hundeführer leichter vor, als er ist. Für viele Hunde ist er jedoch gerade bei größeren Distanzen ein Problem. Schauen Sie vor allem, welcher »Sitztyp« Ihr Hund ist, wie er sich also hinsetzt. Es gibt Hunde, die nur den Po nach vorne schieben und solche, die mit den Vorderbeinen etwas nach hinten gehen, wenn sie sich setzen. Benutzen Sie ein sehr klares Handzeichen, denn bedenken Sie, dass Handzeichen für den Hund immer leichter zu erkennen sind als Hörzeichen. Vielleicht laufen Sie einmal eine Hallenprüfung, in der die Geräuschkulisse es dem Hund schwer macht, Ihnen zuzuhören, Handzeichen kann er jedoch immer wahrnehmen, vorausgesetzt, er schaut Sie an. Versuchen Sie auch hier den Trick, das Futter oder den Ball nach oben-hinten zu werfen (siehe »Platz« zu »Sitz«). Beclicken Sie schnellere Versuche und erhöhen Sie die Distanz langsam.

Wenn Sie das Problem haben, dass Ihr Hund sich bei diesem oder anderen Wechseln immer etwas nach vorn bewegt, hier eine Trainingsidee: Arbeiten Sie mit einer Linie, die der Hund nicht übertreten darf.

Anfangs benötigen Sie dazu eine, besser zwei Hilfspersonen. Stellen oder legen Sie den Hund an einen Platz und positionieren Sie zwei Helfer mit einem weißen Seil oder dicken Wollfaden vor dem Hund. Jeder der Helfer hält ein Ende, so dass vor dem Hund eine »Absperrung« entsteht. Wenn Sie keine zwei Hilfspersonen haben, können Sie das Seil an einer Seite an einen Weidezaunstab befestigen. Anfangs liegt das Seil als Linie am Boden. Gehen Sie nun vom Hund weg auf Ihre normale Position für die Distanzkontrolle (machen Sie die Entfernung anfangs klein, beispielsweise fünf Schritte). Geben Sie dem Hund Kommandos für die Wechsel. Bei den Wechseln, bei denen er Probleme mit einer starken Vorwärtsbewegung hat, instruieren Sie vorher Ihre Hilfspersonen, das Seil vorsichtig zu spannen, damit es sich hebt. Bei jeder Übung wird das Seil nun weniger gespannt, bis es am Boden liegen bleiben kann. Der Hund lernt so, dass das Seil eine Linie ist, die nicht übertreten werden soll – einen Click kann man nur verdienen, wenn man dahinter bleibt. Gehen Sie dabei langsam vor und achten Sie vor allem darauf, das Seil nicht schlagartig zu spannen, damit Sie den Hund nicht erschrecken oder womöglich verletzen. Es soll nur eine optische Hilfe sein, der Hund soll die Übung weiterhin freudig ausführen! Viele Hunde bekommen auf diese Art eine gute Vorstellung davon, worum es geht – nämlich eine Vorwärtsbewegung zu Ihnen zu vermeiden.

9

»Steh-Sitz-Platz« aus der Bewegung

In der Beginnerklasse gibt es nur das »Sitz« aus der Bewegung, dabei geht der Hundeführer mit dem Hund eine gerade Linie, bis er das Kommando geben soll. Der Hund muss sich auf das Hörzeichen (Körperhilfen sind bei diesen Übungen gar nicht erlaubt) schnell hinsetzen und keine weiteren Schritte mitlaufen.

Ab der Klasse 1 wird die Übung an einem durch Pylonen gekennzeichneten Viereck von 10 x 10 Metern gelaufen. In der Mitte zwischen zwei Pylonen (also an einer Geraden des Vierecks) muss der Hundeführer auf Anweisung des Stewards das Kommando geben. In der O1 ist dies das »Platz«, in der O2 an einer Geraden das »Sitz« und an der nächsten das »Platz« und in der O3 schließlich erst »Steh«, dann »Sitz«, dann »Platz«. Dabei geht der Hundeführer nach dem Kommando einmal komplett um das Viereck herum, bis er wieder beim Hund angekommen ist. An diesem geht er vorbei und gibt dabei das Kommando »Fuß«, woraufhin der Hund sich ins bei Fuß gehen anschließt.

Dabei können mehrere Probleme auftreten, die möglichst von vornherein sauber abtrainiert werden sollten. Der Hund soll also lernen, die Positionen zu unterscheiden, sie schnell und sauber einzunehmen und vor allem in seiner Position zu bleiben, auch, wenn man um ihn herumgeht.

Ich beschreibe hier im Detail den Aufbau der Übung mit »Sitz«, für »Platz« und »Steh« gilt jedoch das gleiche Prinzip.

Laufen Sie mit dem Hund bei Fuß, den Clicker am besten in der rechten Hand. Halten Sie nun im offenen Schritt an (am besten, wenn das rechte Bein vorne steht) und drehen sich etwas zum Hund hin ein. Sagen Sie das Kommando »Sitz« und geben ihm anschließend ein deutliches Handzeichen.

Wichtig ist, dass Sie nicht das Hör- und Handzeichen zugleich geben, denn es ist ein Grundsatz der Lerntheorie, dass ein Handzeichen immer das Hörzeichen überschattet, der Hund also das Hörzeichen für sich genommen möglicherweise gar nicht lernt. Für eine Prüfung ist es aber notwendig, ein reines Hörzeichen zu geben.

Setzt der Hund sich, gehen Sie einen Schritt weiter und clicken ihn an. Bleibt er nicht sitzen, können Sie ihm anfangs helfen, indem Sie zusätzlich das Bleibkommando geben. Dies sollte nur die ersten Male nötig sein, dann wird der Hund die Übung verstanden haben und bleiben, wo er ist. Achten

Anfangs bekommt der Hund noch viel Hilfe, indem der Hundeführer sich komplett eindreht ...

Sie darauf, dass der Hund gerade sitzt. Anfangs ist es deshalb oftmals nötig, sich etwas einzudrehen. Anhalten sollen Sie anfangs deshalb, damit der Hund lernt, sich sofort hinzusetzen und nicht noch einige Schritte weiter zu gehen. Klappt das zügig und sicher, beginnen Sie, sich immer weniger einzudrehen und schließlich dann das Handzeichen abzubauen. Bleiben Sie also im offenen Schritt stehen und sagen das Kommando rein als Hörzeichen. Achten Sie dabei darauf, dem Hund keine Körperhilfen zu geben. Es kann hilfreich sein, einen Beobachter zu haben, der ihre Körperhaltung und Bewegungen überprüft. Sie sollten sich auch nun nicht mehr eindrehen, son-

... später wird die Körperdrehung weniger.

dern mit den Schultern stur geradeaus weisen. Klappt auch das sicher und zügig, beginnen Sie, die Zeit des Stehenbleibens immer weiter zu verkürzen, bis Sie schließlich flüssig weitergehen können. Manchen Hunden hilft es auch gut, im Anhalten auf der Stelle zu gehen, um sich an Ihre Weiterbewegung zu gewöhnen.

Achten Sie darauf, den Hund immer nach hinten zu belohnen. Gehen Sie also entweder zurück und geben ihm sein Leckerchen oder stellen Sie eine Schüssel mit einem Leckerchen an den Startpunkt und genehmigen Sie dem Hund nach dem Click, zurückzurennen und es zu fressen. Sie können auch nach dem Click einen Ball nach hinten werfen. Viele Hunde zeigen die Position dadurch schneller, einige neigen aber auch in der Erregung dazu, den Po nicht ganz bis zum Boden zu bringen. Achten Sie darauf, den Hund nur dann anzuclicken, wenn er korrekt sitzt beziehungsweise liegt. Für den Aufbau des »Platz« aus der Bewegung gehen Sie ebenso vor. Helfen Sie dem Hund anfangs, indem Sie das Platzhandzeichen bis zum Boden geben. Anschließend bauen Sie diese Hilfe immer weiter ab, bis das Handzeichen auf Hüfthöhe und schließlich gar nicht mehr kommt.

Eine große Hilfe und kaum verzichtbar ist bei dieser Übung das Training zu zweit, wenn Ihr Hund die Übung soweit gut verstanden hat. Eine Hilfsperson hat Ihren Clicker und stellt sich auf einem Platz auf. Gehen Sie an

Platz aus der Bewegung mit Handzeichen.

Das Handzeichen wird später weiter oben gegeben.

der Person vorbei. Die Person sagt Ihnen, wann Sie das Kommando geben sollen. Einigen Sie sich immer vorab, welche Position Sie üben wollen, damit die Hilfsperson nichts Falsches anclickt. Sie geben also das Kommando und laufen einfach weiter. Sobald Ihr Hund die Position korrekt eingenommen hat, clickt Ihr Helfer und Sie belohnen Ihren Hund sofort. Das Schöne dabei ist, dass der Hund prompt für das Einnehmen der Position belohnt wird und Sie ein Gespür dafür bekommen, wie schnell er sie einnimmt. Außerdem können Sie arbeiten, ohne sich nach dem Hund umsehen zu müssen. Viele Hunde gewöhnen sich leider so sehr an dieses Umsehen, dass sie ohne diese »Hilfe« das Verhalten nicht oder nur ungenau ausführen.

Um das Herumgehen um das Viereck zu trainieren, gehen Sie ebenfalls langsam vor. Dazu muss der Hund noch nicht die Übung aus der Bewegung perfekt beherrschen. Sie können es aus einer Bleibübung variieren: Setzen, legen oder stellen Sie den Hund hin und sagen Sie »Bleib«. Gehen Sie nun in einem Radius von zwei Metern sehr langsam um den Hund herum. Bei den meisten Hunden ist es nötig, das schrittweise zu belohnen. Stellen Sie sich also das Zifferblatt einer Uhr vor: Sie starten auf 12 Uhr (vor dem Hund) mit dem Rücken zum Hund und gehen gegen den Uhrzeigersinn los. Laufen Sie ruhig ein kleines Quadrat, dann gewöhnen Sie und der Hund sich daran. Gehen Sie auf 10 Uhr und clicken. Klappt das gut, gehen sie auf 9 Uhr und clicken. Nur wenn die jeweilige »Uhrzeit« sicher klappt, können Sie zur nächsten weitergehen. Über 8 und 7 Uhr kommen Sie schließlich zu 6 Uhr: Ab hier wird es schwierig, da Sie hinter dem Hund um ihn herum müssen. Dabei wollen sich viele Hunde herumdrehen. Achten Sie darauf, dass Ihr Hund außer dem Kopf nichts bewegt. Clicken Sie nur dann, wenn er es korrekt macht. Hat er große Probleme, gehen Sie die nächsten Male nicht so weit herum. Wichtig ist, dass der Hund wenige Fehler macht und oft belohnt wird, damit er herausfiltern kann, was Sie von ihm wollen.

Mit dem Wiederanschließen haben die wenigsten Hunde ein Problem. Sollte Ihr Hund aber ein solcher Kandidat sein, halten Sie Futter in der linken Hand, locken ihn mit dem Kommando »Fuß« mit und clicken, sobald er sich anschließt. Dabei sollten Sie auch zwischendurch einmal zwei Runden um das Viereck laufen, ohne den Hund wieder abzuholen, damit er nicht automatisch aufsteht, wenn Sie vorbeikommen, sondern sich Ihnen erst auf Kommando wieder anschließt. Viele Richter sehen es ungern, wenn der Hund womöglich schon vor dem Kommando aufsteht.

10

Apportieren

Apportieren ist ein wichtiger Teil des Obedience. Deshalb lohnt es sich, den Apport sauber und gründlich aufzubauen. Prinzipiell kann zu ebener Erde oder über eine Hürde apportiert werden. Die Apportel sind je nach Klasse und Übung aus Holz oder Metall, in den Klassen 0, 1 und 2 ist als Material auch Kunststoff erlaubt. In der Beginnerklasse ist es sogar erlaubt, ein beliebiges Spielzeug zu nehmen. Ich empfehle jedoch das Training mit einem Apportierklotz, damit Sie bei den höheren Klassen kein Problem mit der Umstellung haben. In der Klasse 3 muss das Apportel beim Richtungsapportieren aus Holz sein, der Hund bekommt dort fremde Apportel ausgelegt. Deshalb empfiehlt es sich, den Hund im Training auch fremde Apportel apportieren zu lassen, um ihn früh genug daran zu gewöhnen. Viele Hunde knautschen auf Holz stärker – in diesem Fall empfiehlt sich der Einstieg mit Kunststoff, um dem Hund eine Hilfe zu geben. So kann er lernen, dass das ruhige Festhalten belohnt wird. Hat der Hund die Übung verstanden, können Sie wieder auf Holz umsteigen. Ab der Klasse 2 gibt es zusätzlich den Apport mit dem Metallapportel. Metallapportel bekommen Sie in verschiedenen Internetshops.

Achten Sie bei der Auswahl der Größe auf ein passendes Apportel. Zu Beginn ist es für den Hund leichter, ein genau passendes Apportel zu haben. Die Mittelstange sollte nur minimal breiter sein als der Fang, damit der Hund das Apportel nicht ausbalancieren muss, was oft zum Knautschen verleitet. Ab der Klasse 1 ist ein Minimalgewicht von 200 Gramm vorgeschrieben, es sei denn, Sie haben eine Minirasse. Kunststoffapportel können Sie aufbohren, mit Sand füllen und anschließend mit Plastikkleber wieder verschließen. Sie können natürlich auch auf ein Holzapportel umsteigen.

Apportieren ist eine komplexe Verhaltenskette, die sich aus verschiedenen Teilen zusammensetzt. Alle diese Elemente sollten einzeln trainiert werden. Am optimalsten ist es dabei, diese Kette von hinten aufzubauen und somit mit dem Abschluss anzufangen:

(Vor)sitzen und ruhig halten – ruhig tragen – herankommen – aufnehmen – ruhig sitzen, während das Apportel ausgelegt oder geworfen wird – erst auf Kommando losrennen.

Man nennt diese Trainingstechnik des Aufbaus von hinten »Rückverkettung« (engl. »Backchaining«). Sie hat den großen Vorteil, dass der Hund denjenigen Teil, den er schon am besten kann, immer zum Schluss zeigen kann – dann, wenn die Konzentration schon nachlässt. Die Übung wird also zum Schluss hin immer einfacher für den Hund anstatt schwieriger – und damit ist das Erfolgserlebnis größer.

Ich beschreibe diese Teile alle einzeln, Sie können die Teile auch durchaus schon parallel üben, ich empfehle aber wie bereits erwähnt, mit dem letzten Teil zu beginnen. Beginnen Sie aber nicht zu früh damit, die einzelnen Elemente zusammenzusetzen.

RUHIGES FESTHALTEN UND SITZEN

Für viele Hunde ist das die schwierigste Übung. Manche Hunde knautschen und kauen gerne auf dem Apportel, andere scheinen sich regelrecht davor zu ekeln, etwas in den Fang zu nehmen. Wohl denen, die einen Retriever haben, das vereinfacht die Sache meist ungemein! Beginnen Sie damit, jegliches Interesse an dem Apportel zu beclicken. Das kann ein Angucken sein, Anstupsen, bis hin zum »Anfassen« mit den Zähnen.

Scheuen Sie sich nicht, bei einem Hund, der ungern Dinge aufnimmt (wie das zum Beispiel bei vielen Collies der Fall ist), dafür Wochen zu investieren. Bei sehr empfindlichen Hunden hilft es oft, das Apportel mit Mullbinde zu umwickeln, damit es weicher ist. Sobald der Hund es aufnimmt, können Sie die Binde im weiteren Training Schicht für Schicht abwickeln.

Kommen Sie lieber nicht auf die Idee, das Apportel mit irgendetwas Leckerem wie z.B. Leberwurst einzuschmieren, um es dem Hund damit schmackhaft zu machen. So gewöhnen Sie ihm nur das Knautschen an!

Der Hund soll das Apportel später direkt hinter den Fangzähnen tragen. Ziel ist also nicht, dass der Hund es so weit nach hinten schiebt, wie es passt, denn dann beginnen die meisten Hun-

Blick zum Holz:
Click!

Annäherung ans Holz:
Click!

Maul öffnen:
Click!

de mit dem Knautschen, weil sie das Apportel auf den Backenzähnen tragen müssen. Haben Sie einen solchen »Knautscher«, geben Sie ihm in aller Ruhe und ohne Aufregung das Apportel, während er sitzt. Beclicken Sie sofort den ersten Augenblick, in dem er es nimmt. Halten Sie es fest, damit er es nicht voll greifen kann. Nur für vorsichtiges Nehmen gibt es einen Click. Hackt Ihr Hund mit voller Kraft zu, nehmen Sie das Apportel wortlos weg und versuchen es ein paar Sekunden später erneut sehr ruhig noch einmal. Auch bei einem solchen Hund kann es Wochen dauern, bis er es eine Sekunde lang ruhig festhält. Investieren Sie diese Zeit, denn wenn Sie diese Basis haben, wird der Rest viel leichter!

Haben Sie also nun einen Hund, der den Fang öffnet und das Apportel kurz fasst, beginnen Sie vorsichtig, den Augenblick des Clicks für jeweils eine Sekunde weiter nach hinten hinauszuzögern. Halten Sie das Apportel dabei anfangs noch fest. Schließlich beginnen Sie, es kurz loszulassen, so dass der Hund es einen Bruchteil einer Sekunde alleine halten muss. Lassen Sie die Hand dabei unter dem Apportel, damit es nicht auf die Hundepfoten fallen kann. Ein sensibler Hund kann dadurch einen großen Schreck bekommen!

Achten Sie darauf, dann zu clicken, solange der Hund das Apportel noch hält. Viele Hundeführer neigen dazu, leider gerade dann zu clicken, wenn der Hund das Apportel fallen lässt!

Lassen Sie sich zur Not von jemandem beobachten. Eventuell kann auch eine Hilfsperson für Sie clicken, damit Sie beide Hände frei haben. Steigern Sie die Zeit, die der Hund das Apportel hält, bis auf fünf Sekunden. Gehen Sie dabei aber so langsam vor, dass der Hund das Apportel nie von selbst ausspuckt. Auf das Kommando »Aus« (oder netter: »Danke«) nehmen Sie es dem Hund aus dem Fang. Belohnen Sie ihn jedoch häufiger für das Halten, als es ihm abzunehmen. Achten Sie darauf, dass er nicht schon das Apportel ausspuckt, wenn Ihre Hände sich diesem nähern, sondern erst auf Ihr Kommando. Neigt Ihr Hund zu ersterem, bewegen Sie die Hände oftmals zum Apportel und wieder weg und beclicken ihn dabei für das Halten.

Nun geht es darum, dass Ihr Hund mit dem Apportel schön eng und gerade vorsitzen soll. Sie können eine Freiformungs-Übung starten, wenn der Hund das Apportel gern und gut nimmt. Versuchen Sie zu clicken, wenn er das Apportel an Ihre Oberschenkel (bei kleinen Hunden entsprechend tiefer) legt und daran drückt. Verfeinern Sie das so weit, bis der Hund gerade vor Ihnen sitzt und das Apportel an Ihre Beine legt. Somit muss er nah herankommen.

Sie können auch genauso agieren wie in der Übung »Vorsitzen« beschrieben: Geben Sie dem Hund das Apportel zum Festhalten, gehen Sie einige Schritte weit weg und rufen ihn mit »hier« heran. Clicken Sie nur die geraden und dichten Versuche, bis Sie ein schönes Ergebnis haben.

Auch dabei kann der Trick, das rechte Bein erst etwas nach hinten zu stellen, dem Hund helfen, dicht genug heranzukommen.

RUHIGES TRAGEN UND HERANKOMMEN

Diese Übung können Sie wunderbar zwischendurch trainieren, vor allem auf Spaziergängen. Falls Ihr Hund das Apportel schon gut annimmt, geben

So soll das Vorsitz mit dem Holz aussehen.

Sie es ihm und joggen Sie los. Lassen Sie den Hund besser angeleint: Die meisten Hunde knautschen beim Laufen nicht. Trägt er es einige Schritte weit ruhig, clicken Sie. Erhöhen Sie langsam die Strecke, die der Hund mit dem Apportel laufen muss, bis es einen Click gibt.

Für Hunde, die große Scheu haben oder das Apportel sehr langweilig finden, empfiehlt es sich, vorher wild mit dem Apportel zu spielen und es vor ihm »wegrennen« zu lassen. Sie könnten das Apportel dazu auch an ein Band binden. Wenn der Hund es dann interessant findet, beclicken Sie jedes Interesse, bis der Hund es schließlich aufnimmt. Versuchen Sie dann, ihn durch Rennen zu ermutigen, das Apportel zu tragen.

Klappt das gut, können Sie beginnen, den Hund mit dem Apportel auf Sie zulaufen zu lassen. Laufen Sie dazu erst etwas gemeinsam mit dem Hund geradeaus und dann plötzlich rückwärts, also vom Hund weg. Ermuntern Sie den Hund, mit dem Apportel gerade auf Sie zuzulaufen. Tut er das, gibt es einen Click.

Die meisten Hunde nehmen das Apportel korrekt auf. Wenn Ihr Hund das Apportel nicht sehr mag, empfehle ich Ihnen, anfangs nicht einzugreifen, wenn er es an einer Ecke nimmt. Bei einem solchen Hund gilt: Hauptsache, er nimmt es überhaupt, Feinheiten können Sie immer noch trainieren. Sie können dazu getrennt die folgende Übung trainieren.

Elva lernt, das Holz ruhig zu tragen.

Melanie geht rückwärts und beclickt Elva dafür, dass sie mit dem Holz auf sie zuläuft.

DAS AUFNEHMEN

Diese Übung ist als Einzelschritt nur dann nötig, wenn Ihr Hund häufig das Apportel an einer Ecke trägt und es nicht mittig anbeißt.

Setzen Sie sich dazu auf den Boden und rollen das Apportel ein Stück, um das Interesse des Hundes zu wecken. Halten Sie Ihre beiden Hände in der unmittelbaren Nähe der Seitenteile des Apportels.

Wenn der Hund an einer Seite anbeißen will, halten Sie dort das Apportel mit der Hand fest. So bleibt dem

Hund nur die Option, es mittig aufzunehmen, was natürlich sofort beclickt werden muss. Falls Ihnen das schwer fällt, bitten Sie eine Hilfsperson, für Sie zu clicken.

So lernt Elva, das Holz mittig aufzunehmen.

Nach und nach halten Sie Ihre Hände weiter vom am Boden liegenden Apportel weg. Seien Sie aber im Bedarfsfall schnell genug, um die Seiten wieder »zu blockieren«. Ihr Hund wird sicher schnell verstanden haben, dass er das Apportel mittig tragen soll.

MIT DEM APPORTEL HINSETZEN

Dieser Teil stellt für einige Hunde gar kein Problem dar, während es für andere sehr schwer zu sein scheint, sich mit etwas im Fang hinzusetzen.

Ihr Hund kennt es inzwischen, dass Sie ihm im Vorsitzen sein Apportel anbieten und er es hält. So lassen Sie ihn mit dem Apportel sitzen und gehen etwa drei Schritte rückwärts. Ermutigen Sie ihn, Ihnen zu folgen und sich wieder in die Sitzposition zu begeben. Wenn ihm das gelingt, bekommt er sofort einen Click und die Belohnung.

Wenn Ihr Hund das Apportel ausspuckt, können Sie versuchen, es vorsichtig beim Hinsetzen mit der Hand von unten zu fixieren, so dass der Hund es nicht fallen lassen kann. Vielen Hunden hilft das.

Für einige Hunde scheint es einfacher zu sein, sich mit dem Apportel aus dem Herankommen hinzusetzen. Dazu können Sie, wenn der Hund auf Sie zuläuft, einfach das Kommando »Sitz« geben. Auch dabei kann es helfen, das Apportel etwas zu stützen.

Eine weitere Möglichkeit bietet natürlich das freie Formen. Wenn der Hund das Apportel bereits vom Boden sicher aufnimmt, können Sie einfach warten, was er damit anbietet. Irgendwann wird ein Ansatz des Hinsetzens sicher dabei sein, den Sie dann sofort anclicken. Dabei ist es egal, wo der Hund sitzt. Das enge und gerade Vorsitzen können Sie dann nach und nach herausclicken.

RUHIG WARTEN UND ERST AUF KOMMANDO STARTEN

Für viele Hunde ist diese Übung ein riesiges Problem, vor allem für die besonders arbeitseifrigen. Bei den Apporten zu ebener Erde müssen Sie vom Hund weggehen, das Apportel auslegen, sich wieder neben den Hund stellen und erst auf Anweisung des Richters den Hund losschicken. Beim Apport über die Hürde müssen Sie das Apportel werfen. Dabei empfiehlt es sich, selbst viele Trockenübungen zu machen, damit später das Apportel mittig hinter der Hürde zu liegen kommt.

Bringen Sie den angeleinten Hund in die Grundstellung. Nehmen Sie das Apportel in die eine Hand und ein gutes Leckerchen sowie den Clicker in die andere. Geben Sie dem Hund anfangs das Kommando »Bleib« und werfen Sie das Apportel. Versuchen Sie, ihn mit dem Leckerchen gleich zu fixieren und abzulenken. Rennt der Hund los, bekommt er Feedback über das Wort »Fehler« (siehe Seite 24) und Sie drehen sich um und gehen mit ihm weg (da er angeleint ist, kann er sich die Belohnung ja nicht holen). Bitte leinen Sie Ihren Hund dazu am Brustgeschirr an, damit er nicht angeleint ins Halsband springt und sich Halswirbelsäulenverletzungen zuzieht!

Das Apportel holen Sie kurze Zeit später allein. Bleibt der Hund sitzen, bekommt er sofort einen Click und seine Belohnung, das Leckerchen.

Haben Sie das einige Male geübt, können Sie auch zur Belohnung auf ein Kommando mit ihm gemeinsam zum Bringholz rennen. Eine weitere gute Möglichkeit zur Sicherung ist, dem Hund die Leine vor der Brust entlang zu legen, um ihn am frühen Starten zu hindern. Bei sehr eifrigen Hunden empfehle ich Ihnen, dem Hund

Mit der Leine gesichert, kann der Hund nicht zu früh starten.

eine Rückfrage beizubringen. Dabei soll der Hund Sie erst ansehen, bis Sie das Startkommando geben. Dazu können Sie entweder das Kommando »Schau« sagen, clicken und den Hund anschließend schicken, oder, wenn er darauf nicht reagiert, den Blick mit einem besonders guten Leckerchen auf sich lenken, wie in der ersten Übung »Schau« beschrieben.

Klappt das gut, sollte das Auslegen des Apportels kein großes Problem mehr darstellen. Gehen Sie nach einem Kommando »Bleib« etwa 15 Schritte vom Hund weg und legen das Apportel aus. Gehen Sie zurück zum Hund und stellen sich neben ihn. Clicken Sie, wenn er ruhig sitzen bleibt. Schicken Sie ihn erst auf ein Kommando.

Haben Sie einen Hund, der zu früh startet, benötigen Sie eine Hilfsperson, die in diesem Fall schnell das Apportel wegnimmt, damit der Hund sich nicht selbst damit belohnen kann, das Apportel zu bekommen. Auch dort können Sie wunderbar mit dem Fehlerwort arbeiten. Ist Ihr Hund sehr arbeitseifrig und neigt zum »Frühstart«, sollten Sie unbedingt sehr oft das Apportel selbst holen, damit der Hund nicht lernt: »Sobald sie/er wieder neben mir steht, kann ich starten«.

Klappen alle Teile einzeln perfekt, können Sie es im Ganzen üben: Setzen Sie den Hund in die Grundstellung, legen das Apportel aus, schicken den Hund, lassen ihn herankommen und vorsitzen. Falls Ihr Hund langsam zurückkommt, sollten Sie noch oft zurückrennen und eventuell ein richtiges Spektakel machen, bei dem Sie auch mit seinem Lieblingsspielzeug winken können, das Sie, wenn er fast bei Ihnen ist, nach hinten werfen. Bei solchen Hunden sollten Sie das Vorsitzen nicht zu oft verlangen. Auch Hunde, die schlecht zurückkommen, werden mit dieser Übung zielstrebiger beim Hereinkommen. Stellen Sie nur sicher, dass Sie etwas haben, das wichtiger ist als das Apportel. Bauen Sie Ihre Körperhilfen beim Vorsitzen ab, bis Sie schließlich gerade und entspannt stehen.

APPORTIEREN MIT METALL

Der Umstieg auf Metall ist für manche Hunde, so scheint es, kaum der Rede wert. Ein Großteil der Hunde findet das Metall jedoch sehr unangenehm. Achten Sie vor allem im Winter darauf, das Apportel erst etwas anzuwärmen, damit der Hund nicht das eiskalte Metall ins Maul nehmen muss. Das kann Ihnen im schlechtesten Fall alle bisherigen Trainingserfolge zunichte machen!

Sie können auch hier das Apportel mit Mullbinde umwickeln und diese dann später Schicht für Schicht und in Streifen wieder abwickeln, so dass einige Teile des Apportels noch umwickelt sind und andere nicht. So hat Ihr Hund Zeit, sich mit dem neuen Material vertraut zu machen. Falls Sie mit dem Metallapportel über das freie Formen arbeiten, kann es sein, dass Ihr Hund solchen Spaß am Ausprobieren findet, dass sich auch die Hemmungen gegen das Material abbauen.

Eine weitere Idee ist es, den Hund Nassfutter von einem großen Metalllöffel essen zu lassen und diesen dabei so zu bewegen, dass er immer wieder die Zähne des Hundes berührt. So lernt der Hund mit dem Gefühl von Metall an den Zähnen etwas Positives zu verknüpfen.

Probieren Sie es aus und lassen Sie dem Hund vor allem genug Zeit, sich damit auseinander zusetzen. Der Metallapport wird erst ab der Klasse 2 gefordert.

Belohnen Sie den Hund!

11

Die Arbeit an der Hürde

In der Klasse 1 muss der Hund aus der Fußposition heraus über ein Hindernis geschickt werden, auf Kommando umdrehen, zurückspringen und vorsitzen. Die Hürde in der Obedience ist einen Meter breit und wird in der Höhe der Rückenhöhe des Hundes angepasst. Haben Sie einen alten oder kranken Hund, fragen Sie den Richter, ob er die Hürde niedriger legen kann, vor allem, wenn der Hund groß ist. Ab Klasse 2 wird ein Apport über die Hürde gefordert, dabei werfen Sie das Apportel über die Hürde und der Hund holt es auf Kommando. Dabei muss er auf dem Hin- und Rückweg ohne zusätzliches Kommando springen. Das stellt vor allem bei schlechter Wurftechnik des Hundeführers ein Problem dar, denn wenn das Apportel sehr weit rechts oder links liegt, führt der kürzere und einfachere Weg für den Hund an der Hürde vorbei.

Auch bei dieser Übung empfehle ich Ihnen, wie beim Apportieren mit der Technik des »Backchaining« rückwärts zu trainieren. Das bedeutet in diesem Fall, dass Sie als erstes Element das Zurückspringen zu Ihnen trainieren. Setzen Sie den Hund dazu auf die eine Seite mittig vor das Hindernis und gehen selbst auf die andere Seite. Rufen Sie den Hund zu sich. Kennt Ihr Hund das Überspringen einer Hürde noch gar nicht, clicken Sie etliche Male für einen sauberen Sprung. Lassen Sie dem Hund etwa drei bis fünf Meter Anlauf, damit er den Sprung taxieren kann. Erhöhen Sie auch die Sprunghöhe nur langsam und fangen Sie mit der niedrigsten Möglichkeit an. Sobald der Hund fröhlich und sauber zu Ihnen springt, können Sie ihn ins Vorsitzen rufen, ihm anfangs mit einem Leckerchen helfen oder den schon besprochenen Targetzettel zur Hilfe nehmen. Wichtig ist, dass der Hund durch viele Wiederholungen lernt, dass er nach dem Rücksprung vorsitzen soll. Das bedeutet, dass Sie das Kommando nach und nach abbauen müssen. Wenn Sie mit freiem Formen arbeiten möchten, trainieren Sie auch hier in Schritten, also erst den Sprung, dann das anschließende Vorsitzen dazu. Schließlich bekommt der Hund am Ende nur noch den Click, wenn er ohne Kommando (allerdings ist ein einfaches Kommando zum Rücksprung in Klasse 1 erlaubt) und Körperhilfen nach dem Sprung sauber vorsitzt.

Nun können Sie beginnen, den Hund über die Hürde zu schicken. Dazu ist der Targetstab eine gute Hilfe. Stecken Sie ihn auf der einen Seite der Hürde in den Boden, so dass der Hund ihn sieht. Stellen Sie sich nun mit dem Hund auf der anderen Seite auf und schicken ihn zum Target. Clicken Sie anfangs wiederum für das Springen. Wer nicht mit Traget arbeitet, kann einen Futterteller auf die andere Seite stellen. Es geht dabei darum, dass der Hund lernt, sich von Ihnen weg über die Hürde zu bewegen, ohne dass Sie sich mitbewegen. Geben Sie außer einem kleinen Handzeichen und dem Kommando »Hopp« keine Hilfen. Es ist nützlich, dem Hund ein Handzeichen beizubringen, welches ihm ankündigt, dass Sie ihn nun von sich wegschicken werden. Besonders günstig finde ich, dazu die linke Hand weisend über den Kopf des Hundes zu halten. Wenn Sie dies jedes Mal machen, bevor Sie den Hund zu einem Ziel schicken, wird es für ihn sehr bald zu einer Ankündigung werden. Allerdings müssen Sie dieses Kommando in einer Prüfung geben, *bevor* Sie dem Ringsteward gesagt haben, dass Sie bereit sind und die Übung damit offiziell beginnt, denn ein Handzeichen ist in der Prüfung nicht erlaubt. Ab da, wo

Hier wird der Hund über die Hürde geschickt.

Pongo wird über die Hürde ins Vorsitz abgerufen.

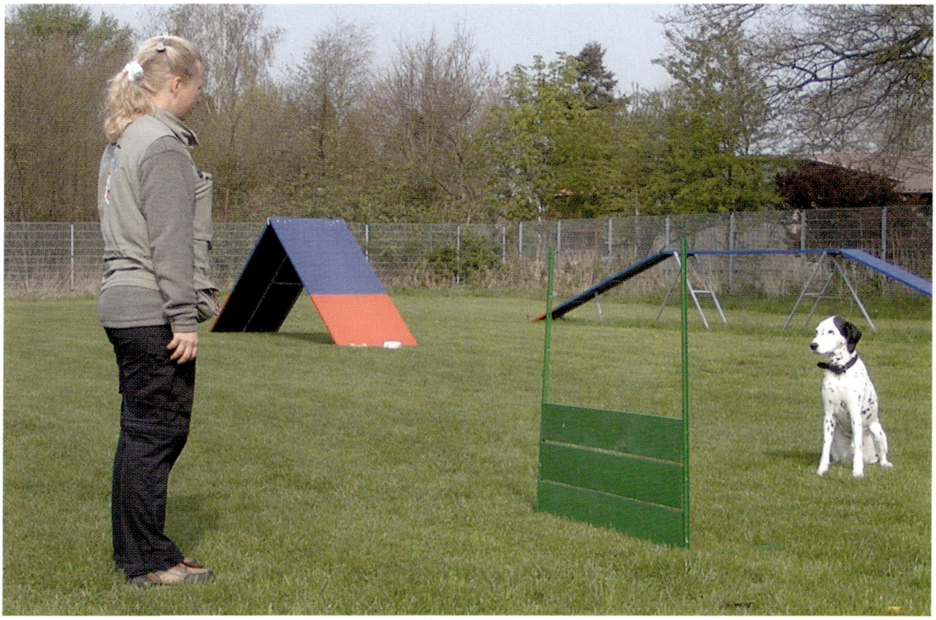

Abrufen mit einem schrägen Anlaufwinkel.

Sie dem Ringsteward also gesagt haben, dass Sie bereit sind, dürfen Sie als Kommando nur noch das Wort (z.B. »Hopp«) sagen.

Springt der Hund sicher von Ihnen weg, lassen Sie den Teller oder Target weg und schicken den Hund einfach von sich weg über die Hürde. Ermuntern Sie ihn, sofort anschließend umzudrehen und zurückzuspringen. Clicken Sie anfangs für das Umdrehen und das Zurückspringen. Schließlich geben Sie ihm immer weniger Hilfe, bis er zügig und sofort zurückspringt und vorsitzt. Den Rücksprung kennt er nun bereits aus der vorangegangenen Übung. Wenn Sie ein Kommando dafür eingefügt haben, können Sie dieses nun einsetzen, wenn er zurückspringen soll.

Für den Apport über die Hürde empfehle ich Ihnen, gleich von Beginn an ein Training einzuführen, welches später verhindern soll, dass der Hund beim Apport über die Hürde den Rücksprung verpatzt und außen herumläuft. Setzen Sie dazu den Hund in verschiedenen Anlaufwinkeln und unterschiedlich weit weg vor der Hürde ab. Trainieren Sie erst in etwa zwei bis drei Metern Abstand aus allen Winkeln und erhöhen Sie die Distanz bis auf fünf oder sechs Meter. Geben Sie dem Hund keine Körperhilfen. Gehen Sie so langsam vor, dass er keine Fehler macht. Er soll verstehen, dass er zu Ihnen springen soll, wenn Sie hinter einer Hürde stehen, auch wenn es einen einfacheren Weg gibt. Belohnen

Der Hund wird mit dem Apportel über die Hürde gerufen.

Schräger Anlaufwinkel.

Sie vor allem schwierigere Anlaufwinkel aus größerer Entfernung mit einem Jackpot. Wenn Ihr Hund schon sicher das Apportel tragen und halten kann, können Sie parallel hierzu auch schon das Apportieren über den Sprung üben. Geben Sie dazu dem absitzenden Hund das Apportel in den Fang und rufen ihn damit wie oben beschrieben über die Hürde zu sich.

Der nächste Schritt ist dann, dass Sie ihn absetzen, das Apportel zwischen ihn und die Hürde legen und ihn mit der Aufforderung zum Apportieren

Rücksprung mit dem Apportel will gelernt sein.

Nun muss der Hund das Apportel erst aufnehmen, schräger Anlaufwinkel.

über die Hürde zu sich rufen. Vergrößern Sie dabei auch die Winkel. Sollte Ihr Hund trotz langsamer Vorangehensweise einmal außen herumlaufen, kommentieren Sie dies mit dem Fehlerwort. Gehen Sie in der darauffolgenden Übung einen Lernschritt zurück. Beclicken Sie den Hund im Augenblick des Sprungs. Das Vorsitzen mit dem Apportel sollte der Hund aus dem Einfachapport bereits beherrschen. Helfen Sie ihm anfangs mit Locken oder dem Kommando für das Vorsitzen. Die meisten Hunde bieten dies jedoch nach sauberem Aufbau bereits automatisch an.

Schließlich bekommt der Hund den Click nur noch am Ende der Übung, nämlich im sauberen Vorsitz mit dem Apportel im Fang.

12

Abrufen mit »Steh« und »Platz«

Diese Übung erfordert ein hohes Maß an Konzentration und Reaktionsvermögen von Hund und Hundeführer. In der Klasse 2 gibt es nur das Herankommen mit »Platz«, in der O3 schließlich erst »Steh« und dann »Platz«. Dazu legen Sie den Hund ab, gehen etwa 25 Meter weit weg und rufen auf Aufforderung den Hund. Wenn der Richter den Arm hebt oder der Steward »Kommando« sagt oder aber eine Markierung am Boden liegt, müssen Sie das Kommando geben und der Hund muss es binnen drei Körperlängen einnehmen. Wichtig ist, dass der Hund prompt auf das Kommando reagiert. Das ist vor allem für Hunde mit hohem Tempo schwierig.

Hierbei gibt es verschiedene Trainingsansätze, die je nach Hund ausprobiert werden müssen. Als Erstes gilt für Sie jedoch eine sehr wichtige Faustregel: Im gesamten Training sollten Sie den Hund extrem selten mit »Platz« oder »Steh« stoppen. Wenn Sie dies jedes Mal tun würden, würde der Hund in Erwartung dessen immer langsamer werden und schließlich nur noch schleichen. Sie sollten also von 10 Versuchen bei mindesten 9 davon den Hund einfach zu sich rennen lassen und ihn sofort belohnen, damit er sein hohes Grundtempo beibehält.

Als Grundübung, die Sie schon im Alltag mit einfließen lassen können und sollten, empfehle ich Ihnen folgendes Training: Binden Sie die Kommandos in Ihre Spaziergänge ein. Sprechen Sie den Hund an und geben Sie entweder das Kommando »Platz« oder »Steh«. Führt er dieses aus, bekommt er den Click und es fliegt ein Lieblingsspielzeug oder er bekommt ein besonders tolles Leckerchen. Auf diese Weise erreichen Sie, dass der Hund die Kommandos sehr gut generalisiert und sicher ausführt.

Üben Sie das in verschiedenen Entfernungen zum Hund. Bewegt Ihr Hund sich anfangs noch auf Sie zu, beginnen Sie mit kleineren Distanzen. Es ist wichtig, dass er lernt, das Kommando genau dort zu befolgen, wo er gerade ist, ohne sich auf Sie zu zu bewegen.

Eine sehr beliebte Methode für den Aufbau der Übungen ist es, einen Ball nach hinten zu werfen. Dazu wird der Hund abgerufen: Wenn er auf Sie zuläuft, schleudern Sie den Ball mit einer deutlichen Handbewegung hinter den Hund (also in die Richtung, aus der er kam). Später wird dann erst die Handbewegung gezeigt, wenn der Hund kurz abstoppt, es wird geclickt und der Ball anschließend geworfen.

Kommando bei Markierung gegeben. Der Hund liegt eine Länge später.

Birte wirft den Ball sofort ...

Das eignet sich besonders für das »Steh«, denn die werfende Hand ist dem späteren Handkommando sehr ähnlich. Verzögern Sie nach und nach den Moment, bis Sie werfen und clicken den Hund für das Stehen an. Nehmen Sie schließlich den Ball in die andere Hand und geben mit der leeren Hand das Kommando, aber eben so energiegeladen, als würden Sie den Ball werfen wollen. Stoppt der Hund, gibt es nach dem Click den Ball aus der anderen Hand. Denken Sie aber daran, den Hund oft durchzurufen und nicht zu stoppen, damit das Grundtempo hoch bleibt.

... hier verzögert sie den Wurf, Dunja steht.

Für »Platz« können Sie das Gleiche machen, nur mit dem Unterschied, dass Sie sich mit einer deutlichen Vorwärts-Abwärtsbewegung, die das Platzhandzeichen beinhaltet, zum Hund hinbewegen, sich ihm sozusagen entgegenschieben.

Anfangs bekommt der Hund eine deutliche Hilfe.

Die Hilfe wird später immer weniger.

Auch hier kommt der Click, sobald der Hund liegt. Für die O3 müssen Sie sich an einem gewissen Punkt entscheiden, denn es sind nur entweder Hand- oder Hörzeichen erlaubt, nicht beides zusammen. Schauen Sie also, worauf Ihr Hund besser reagiert, die meisten Hunde nehmen jedoch Handzeichen besser an.

Bewegt der Hund sich zu stark auf Sie zu, müssen Sie ihn anfangs später stoppen, das heißt erst dann, wenn er etwa noch drei Meter von Ihnen entfernt ist. Verschieben Sie diese Stoppgrenze immer weiter nach hinten und belohnen den Hund nur dann, wenn er schnell und abrupt stoppt. Belohnen Sie ihn dabei bitte immer nach hinten. Eine Möglichkeit bietet dabei auch ein hinter dem Hund stehender Jackpot, zu dem Sie nach dem Click gemeinsam hinrennen. Diese Möglichkeit bietet sich vor allem für Hunde an, die nicht spielen wollen. Gewöhnen Sie den Hund daran, dass hinter ihm eine Schüssel mit Futter steht und genehmigen Sie ihm auf ein bestimmtes Signal hin, sich umzudrehen und dorthin zu laufen. Später rufen Sie den Hund auf sich zu, von der Schüssel weg und versuchen, ihn mit einer Bewegung auf ihn zu und dem Handzeichen, welches Sie später benutzen wollen, zu stoppen. Stoppt der Hund, bekommt er seinen Click und darf zur Schüssel rennen. Auch hier ist es genauso wichtig, den Hund 9 von 10 Malen durchlaufen zu lassen und bei Ihnen zu belohnen, um das hohe Tempo zu sichern.

Eine weitere Möglichkeit für Hunde, die nicht spielen wollen, stellt die Arbeit mit Targets dar. Dazu nehmen Sie einen Ihrer Klebezettel und kleben Sie ihn zwischen den Hund und sich. Rufen Sie den Hund heran und geben das Kommando zum Berühren des Targets. Hält der Hund dort an, gibt es einen Click und Belohnung nach hinten. Rufen Sie auch hier den Hund oft durch, denn er soll lernen, dass nur auf Kommando am Target gestoppt wird. Klappt das gut, beginnen Sie, nach dem Kommando für das Berühren des Targets das Kommando für jeweils »Steh« oder »Platz« zu geben. Erst wenn der Hund diese Position hat, gibt es den Click. Schließlich versuchen Sie in dem Moment, wenn der Hund auf Höhe des Targets ist, gleich das Kommando für »Platz« oder »Steh« zu geben. Führt er es aus, gibt es den Click. Schließlich können Sie beginnen, auf der Strecke zwischen sich und dem Hund mehrere Targets auszulegen und ihn auf unterschiedlichen Höhen zu stoppen. Schneiden Sie nach und nach die Targets kleiner und lassen Sie sie verschwinden. Das Abbauen der Targets benötigt viel Zeit und es ist sehr wichtig, dass Sie dabei sehr langsam vorgehen, damit das Gelernte nicht zusammenbricht.

Manche Trainer wählen eine weitere Möglichkeit, indem sie die Übung erst auf sehr kleine Distanzen trainieren, den Hund also nur fünf Meter abrufen und die Distanz dann langsam steigern.

Im weiteren Training gilt: Üben Sie nur sehr selten die volle Kombination. Variieren Sie das Training, bauen Sie es mit in Spaziergänge ein, fordern Sie Ihren Hund. Je unberechenbarer die Übung für ihn ist, desto schneller wird er herankommen. Trainieren Sie sauber und langsam.

13

Geruchsidentifikation

Diese Übung fasziniert jeden Zuschauer am meisten! Sie bekommen zu Beginn der Prüfung ein kleines Kantholz von etwa 1,5 x 1,5 cm oder 2 x 2 cm Dicke und 10 cm Länge, das Sie mit Ihrem Geruch behaften müssen. Reiben Sie es dazu in den Händen oder hinter dem Ohr (man sagt, dort sei der Individualgeruch besonders intensiv). Vor der Übung nimmt der Ringsteward das Hölzchen und legt es zu sechs weiteren, geruchsneutralen Hölzchen. Ihr Hund wird anschließend geschickt und muss dasjenige Hölzchen bringen, das nach Ihnen riecht. Hat der Hund dies einmal verstanden, ist die Übung für ihn sehr leicht. Es wird diskutiert, ob in Zukunft das Holz nach jemand Fremden riechen soll – für den Hund ist jedoch erst einmal wichtig zu lernen: Eines der Hölzer riecht anders als die anderen.

Ich empfehle Ihnen wieder, die Übung in viele kleine Teile zu zerlegen und alle einzeln zu trainieren. Als Erstes bietet es sich an, das korrekte und ruhige Tragen und Halten des Hölzchens zu üben, denn erfahrungsgemäß ist das Knautschen der kleinen Hölzchen das, wobei die meisten Punkte verloren gehen. Setzen Sie den Hund hin und zeigen ihm das Hölzchen. Clicken Sie erst für das Anschauen, dann fürs Öffnen des Fangs und schließlich für das vorsichtige Aufnehmen. Halten Sie das Hölzchen dabei aber immer noch fest.

Wie auch beim Apportieren sollten Sie darauf achten, dass der Hund nicht voll in das Holz beißt, sondern es vorsichtig hinter die Reißzähne legt. Beclicken Sie wirklich schon Sekundenbruchteile des vorsichtigen Anbeißens. Lassen Sie es gar nicht erst zum Knautschen kommen! Schließlich verlängern Sie minimal die Zeit, die der Hund das Holz halten soll. Gehen Sie nicht zu schnell vor. Die Zeit, die Sie sich jetzt nehmen, zahlt sich später doppelt aus! Hat Ihr Hund nämlich das Knautschen erst einmal begonnen, ist es viel schwerer, es wieder loszuwerden, als wenn Sie dem Hund von Beginn an klar machen, dass der Sinn der Übung darin liegt, das Hölzchen zu behandeln wie ein rohes Ei.

Hält Ihr Hund das Holz eine Sekunde lang fest, können Sie beginnen, es kurz loszulassen. Sobald er es dann zwei oder drei Sekunden hält, auch wenn Sie vor ihm stehen, können Sie den nächsten Schritt wagen. Geben Sie dem vor Ihnen sitzenden Hund das Hölzchen. Gehen Sie einen Schritt rückwärts und ermuntern Sie ihn zum Folgen. Er soll dabei das Holz weiterhin ruhig halten. Stellt das ein Problem

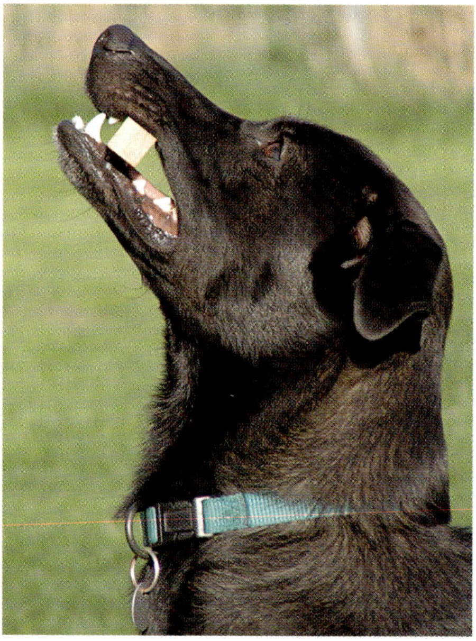

Marlow hält das Hölzchen korrekt.

dar, macht es Sinn, wie beim Apportel erst einmal mit dem Hund mitzulaufen, während er das Holz trägt und dann zu clicken, wenn er es ruhig trägt. Dann sollte auch der Schritt auf Sie zu kein Problem mehr sein. Die Strecke zwischen sich und dem Hund vergrößern Sie nun allmählich. Der Hund soll aber nach dem Herankommen vorsitzen, so dass er diese Position als selbstverständlichen Abschluss der Übung sieht. Klappt das gut, können Sie nun das Aufnehmen des Hölzchens vom Boden anclicken. Versuchen Sie, dem Hund Schritt für Schritt beizubringen, das Hölzchen mittig und ruhig aufzunehmen, damit er nicht noch einmal nachfassen muss, um es ruhig tragen zu können. Dieser Schritt ist sehr wichtig und nicht zu unterschätzen!

Sobald Sie Ihren Hund nun so weit haben, dass er das Hölzchen sauber vom Boden aufnimmt, es zu Ihnen trägt und vorsitzt, ohne es zu zerkauen, können Sie damit beginnen, das Suchen des Hölzchens zu trainieren.

Nehmen Sie das Hölzchen dazu mit auf Ihre Spaziergänge und verstecken Sie es anfangs hinter einem Baum, Busch oder in etwas höherem Gras, während der Hund zuschaut. Schicken Sie ihn dann, das Hölzchen zu suchen. Wenn er es mit der Nase sucht, ist natürlich die Freude groß und es gibt eine tolle Belohnung. Nach und nach können Sie das Hölzchen immer besser verstecken. Vielen Hunden hilft dieser Schritt, zu verstehen, dass diese Aufgabe etwas mit Suchen zu tun hat.

Für die weiteren Schritte benötigen Sie ein Aufbewahrungsgefäß für die neutralen Hölzchen, eine Grillzange sowie einige geruchsneutrale Hölzchen (am besten etwa 20 Stück).

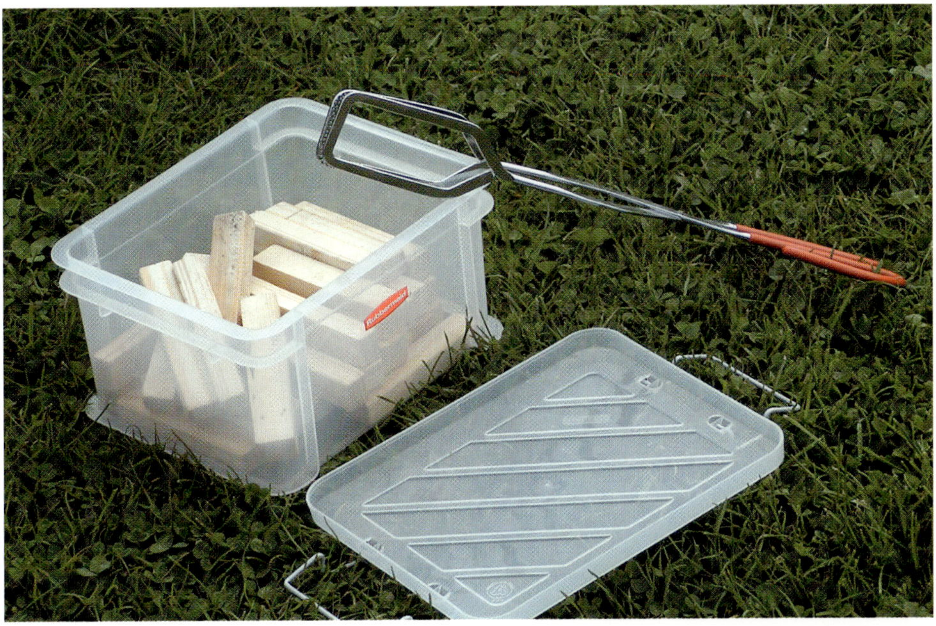

Es gibt nun mehrere Möglichkeiten, wie Sie vorgehen können.

Sie können eine kleine Reihe aus etwa 10 neutralen Hölzern »bauen« – natürlich mit der Grillzange, damit sie nicht nach Ihnen riechen. Legen Sie die Hölzchen etwas auseinander, etwa 1-2 cm weit. Lassen Sie den Hund das sehen. Nehmen Sie nun das Hölzchen, mit dem Sie immer das Festhalten trainiert haben. Beclicken Sie den Hund ein- oder zweimal dafür, dass er es hält. Machen Sie es spannend, setzen den Hund ab und legen das Holz nun so, dass er es sehen kann, zu den anderen. Schicken Sie ihn sofort hin und fordern ihn auf, es zu suchen. 80% der Hunde suchen sofort mit der Nase, um das richtige Hölzchen zu finden. Clicken Sie, sobald er es aufnimmt. Er

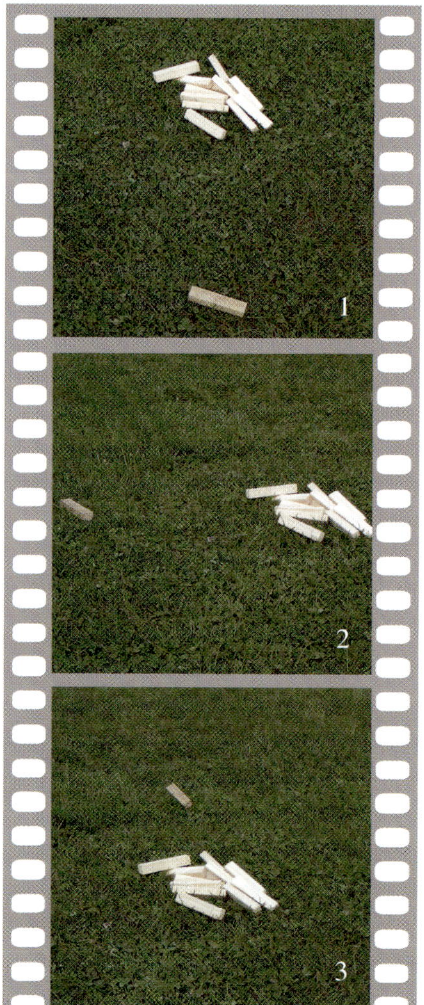

Einfache Ausgangsübung:

1. Das Holz liegt vor dem Haufen
2. Das Holz liegt links davon
3. Das Holz liegt dahinter

Der Haufen wird zur Reihe:

1. Das Holz liegt vor der Reihe
2. Das Holz liegt links von der Reihe
3. Das Holz liegt näher an der Reihe

muss es vorerst nicht perfekt bringen, sondern nur identifizieren. Sobald er das korrekt macht, gibt es einen Jackpot. Nimmt er zuerst ein falsches, ermuntern Sie ihn erneut das andere zu suchen. Nimmt er wahllos alle Hölzchen, brechen Sie ab und versuchen es erneut. Entfernen Sie jedoch die Hölzchen, die er bereits im Fang hatte und ersetzen sie durch frische. Klappt es auf diese Art gar nicht, versuchen Sie den unten beschriebenen zweiten Weg. Funktioniert es aber, können Sie beginnen, die Hölzchen weiter auseinander zu legen, bis etwa 10 cm Abstände zwischen den Hölzern sind. Außerdem können Sie sie auslegen, während der Hund nicht zuschaut. Beclicken Sie ihn anfangs immer noch für das Aufnehmen des korrekten Hölzchens. Das Heranbringen kann er ja von den vorigen Übungen und Sie können es später hinzufügen, wenn er sicher sucht und findet. Nimmt Ihr Hund erst ein falsches Hölzchen und dann das korrekte, so empfehle ich, ihn anfangs trotzdem zu beclicken, und zwar in dem Augenblick, in dem er das richtige nimmt. Damit sich daraus jedoch im weiteren Training nicht die Verhaltenskette »erst falsches nehmen – ausspucken – dann richtiges nehmen« entwickelt, beginnen Sie, ihn nur noch bei der direkten Wahl des korrekten Hölzchens anzuclicken. Wählt er also ein falsches, brechen Sie es mit dem Fehlerwort ab, tauschen das aufgenommene gegen ein frisches und versuchen es erneut. Seien Sie aber vorsichtig, hiermit nicht zu früh zu beginnen, um den Hund nicht zu verwirren und zu frustrieren.

Die zweite Möglichkeit ist, dass Sie einen ganzen Haufen aus neutralen Hölzern legen, es dürfen ruhig 10 bis 15 Stück sein. Legen Sie nun das nach Ihnen riechende »Trainingsholz« etwa 10-15 cm vor den Haufen und schicken den Hund. Sobald er auf Höhe des Hölzchens ist und es auch nur kurz ansieht, clicken Sie. Nach einigen Wiederholungen legen Sie es rechts, dann links und schließlich hinter den Haufen. Dann immer etwas näher an den Haufen heran, wobei Sie jedoch immer noch einen kleinen Abstand lassen. Schließlich beginnen Sie, den Haufen etwas zu zerstreuen. Beginnen Sie dann erneut, das richtige Hölzchen erst vor, dann rechts, dann links und schließlich hinter den Haufen zu legen. Nach und nach machen Sie dann den Haufen zu einer Reihe. Klappt das gut und der Hund wählt sicher das richtige Hölzchen aus, können Sie es einmal zwischen die anderen legen.

Meist sind es nur die extrem apportierfreudigen Hunde, die anfangs wenig Sinn darin erkennen, ein bestimmtes Holz zu bringen: Schließlich kann man ja auch alle oder irgendeines bringen, Hauptsache, es macht Spaß, oder? Haben Sie in einem solchen Fall Geduld! Wenn Sie wochen- und monatelang mit obigen Versuchen scheitern, können Sie eventuell versuchen, das Holz mit etwas sehr lecker Riechendem zu bestreichen, damit der Hund erst einmal eine Idee bekommt, dass die Sache etwas mit der Fähigkeit seiner Nase zu tun hat.

Beherrscht Ihr Hund die Übung sicher, beginnen Sie, nicht mehr ein »Trainingshölzchen« (also eines, mit dem Sie schon oft vorher das Halten und Tragen trainiert haben) zu nehmen, sondern ein neues, welches Sie etwa drei Minuten mit sich an Ihrer Haut liegend tragen. Dies ist eine neue Situation für den Hund, weil das Holz nun nicht mehr nach ihm, sondern nur noch nach Ihnen riecht. Nach einigen Übungen ist es aber sicher kein Problem mehr.

Klappt das Identifizieren super, können Sie sich das Hölzchen nun auch bringen lassen. Lassen Sie nun auch einmal, wie in einer Prüfungssituation, jemand anders das Hölzchen auslegen. Stellen Sie sich dazu mit dem Rücken den Hölzchen zugewandt hin, wie es in einer Prüfung verlangt wird. Der Hund sitzt dabei neben Ihnen, allerdings mit dem Blick zu den Hölzchen. Drehen Sie sich dann um und schicken den Hund. Drehen Sie sich dabei sowohl auf dem Hin- als auch auf dem Rückweg Ihrer Drehung zum Hund hin ein, um diesen nicht zu verwirren.

Üben Sie das Herumdrehen anfangs getrennt als einzelne Übung. Bei besonders menschenfreundlichen Hunden sollten Sie außerdem das Übergeben des Hölzchens an den Ringsteward einzeln trainieren, denn der Hund muss dabei ruhig in der Grundstellung sitzen bleiben. Denken Sie daran, das Hölzchen mit einem Kreuz oder ähnlichem zu kennzeichnen.

Drehen Sie sich gegen den Hund um.

14

Schicken zur einzelnen Pylone

Sie benötigen diese Übung erst in der O3, sie kommt beim Richtungsapport und beim Weitersenden in die Box vor.

Die Gefahr dieser Übung liegt darin, sie zu früh zu beginnen. Der Hund hat kein dreidimensionales Vorstellungsvermögen und deshalb große Probleme, die Box (wo vier Kegel stehen) von der einzelnen Pylone zu unterscheiden. Beginnen Sie das Training an der Pylone also erst, wenn Ihnen die Box sehr gut gefestigt scheint. Außerdem empfehle ich, anfangs verschiedene Pylonen zu nehmen, zum Beispiel große, gelbe für die einzelne Pylone und kleine, gestreifte für die Box.

Es gibt wiederum verschiedene Trainingsideen, die Sie ausprobieren sollten, um zu sehen, was für Ihren Hund optimal ist.

METHODE 1: DIE FUTTERTELLER-METHODE

Dazu nehmen Sie den Unterteller, den Sie bereits aus der Box-Übung kennen und legen ein Leckerchen darauf. Stellen Sie diesen Teller nun hinter die Pylone. Schicken Sie den Hund aus kurzem Abstand zum Teller, clicken ihn an, kurz bevor er das Futter nimmt und geben ihm anschließend das Kommando »Steh«. Für das Stehen an der Pylone clicken Sie ihn erneut an. Erhöhen Sie die Distanz auf bis zu zehn Meter. Führen Sie ein Hörkommando ein, wenn Sie den Hund wegschicken.

METHODE 2: AUFBAU MIT DEM TARGET

Dazu nehmen Sie entweder den Pfoten- oder den Nasentarget. Ich empfehle dabei, diesen hinter der Pylone zu platzieren. Würden Sie ihn direkt auf oder in die Pylone platzieren, könnte der Hund die Idee bekommen, dass man Pylonen anstupsen soll, was bei der Arbeit an der Box ein Problem darstellen könnte. Das muss zwar nicht sein, aber ein kreativer Hund könnte eventuell auf eine solche Idee kommen. Der Hund soll aber lernen, sich hinter die Pylone zu stellen, wenn sie einzeln steht.

Fangen Sie wiederum mit einer kleinen Distanz von einigen Schritten an und schicken den Hund zum Target. Geben Sie ihm dort ein Kommando zum Stehen und clicken ihn an. Erhöhen Sie langsam die Distanz und führen Sie ein Hörzeichen ein.

METHODE 3: UM DIE PYLONE HERUMLAUFEN

Sie können dem Hund über das freie Formen beibringen, um eine Pylone herumzulaufen. Dabei besteht allerdings wieder die Gefahr, dass der Hund beginnt, mit der Pylone Dinge auszuprobieren, die für die Box hinderlich sein können. Sie könnten den Hund anfangs einige Male mit dem Targetstick und schließlich mit Ihrer Hand um die Pylone steuern, damit er auf die richtige Idee kommt. Läuft er sicher um die Pylone, beginnen Sie, die Distanz zu erhöhen. Auch hier müssen Sie die Zehnmetermarke erreichen. Läuft der Hund sicher herum, geben Sie ihm ein Stehkommando, wenn er gerade um die Pylone herum ist. Dabei sollte er neben der Pylone mit dem Blick zu Ihnen zum Stehen kommen.

Ist Ihr Hund zu kreativ, können Sie diese Übung etwas modifizieren, indem Sie einen schwarz angestrichenen Bambusstab in den Boden stecken. Bringen Sie dem Hund zuerst wie oben beschrieben bei, um diesen herumzulaufen. Stecken Sie den Stab dann hinter die Pylone. Auf Distanz ist der schwarze Stab für den Hund nicht zu sehen und er lernt, sich optisch an der Pylone zu orientieren, ohne an dieser jedoch kreativ zu werden. Im weiter fortschreitenden Training lassen Sie den Stab immer öfter weg.

Der Vorteil dieser Methoden ist, dass der Hund Sie ansieht und weitere Kommandos gut wahrnehmen kann, der Nachteil, dass er sich zum Weiterschicken für den Richtungsapport komplett herumdrehen muss, was den meisten Hunden jedoch keine Probleme bereitet.

Für welche Methode Sie sich auch entscheiden: Sobald Ihr Hund diese Übung sicher beherrscht, sollten Sie versuchen, ihn an eine einzelne Pylone zu schicken, wenn in der anderen Ecke des Platzes eine Box aufgebaut ist. Er soll lernen, beides sicher zu unterscheiden, damit er nicht in einer Prüfung verwirrt wird und Fehler macht.

Den Teller und den Target können Sie ab und zu weglassen und dem Hund das Stehkommando geben, bevor er beginnt, nach dem Teller oder Target zu suchen. So können Sie den Hund auf die Prüfungssituation vorbereiten.

1. *Sherin lernt, den Stab zu umlaufen.*

2. *Sherin bekommt das Kommando »Steh«.*

Schicken zur einzelnen Pylone

3. Sie umläuft Stab und Pylone.

4. Steht dort.

5. Sie umläuft die Pylone.

6. Steht an der Pylone.

15

Richtungsapport

Beim Richtungsapport schicken Sie Ihren Hund zu einer zehn Meter entfernten Pylone. Zehn Meter weiter geradeaus wird ein Apportel ausgelegt und jeweils fünf Meter rechts und links davon noch eines, so dass eine Reihe aus drei Apporteln entsteht. Vor der Prüfung wird ausgelost, ob der Hund die rechte oder linke bringen muss, es darf niemals die mittlere sein. Sie dürfen den Hund mit Hand- und Hörzeichen lenken.

Eine Idee zur Vorübung ist das Arbeiten mit Futtertellern oder umgedrehten Tupperschüsseln. Stellen Sie eine Pylone auf und gehen Sie zehn Meter weiter. Von dort gehen Sie zehn Schritte nach rechts und stellen dort eine Tupperschüssel auf. Legen Sie ein Leckerchen darauf, dabei sollte der Hund Ihnen zusehen können. Stellen Sie den Hund nun an die Pylone und gehen ein paar Schritte rückwärts von ihm weg. Geben Sie ihm ein klares Handzeichen nach hinter ihm rechts. Normalerweise sollte er zu der Schüssel laufen, da er gesehen hat, dass dort etwas liegt. Clicken Sie ihn an, wenn er in die richtige Richtung läuft. Wiederholen Sie diese Übung, bis Sie zehn Meter weit von ihm weg sind, wenn er an der Pylone steht. Nun können Sie an die Pylone auch einen Futterteller stellen und ihn erst zur Pylone schicken, dort stehen lassen und von dort aus nach hinten rechts weiter schicken.

Klappt das flüssig und gut, machen Sie das ganze Programm erneut mit einer Schüssel, die links hinten steht. Nehmen Sie dazu anfangs die Schüssel rechts weg.

Sind Sie auch dort soweit, dass es flüssig klappt, können Sie beginnen, beide Schüsseln aufzustellen. Dabei ist es vorteilhaft, das Leckerchen unter die Schüssel zu legen, denn wenn der Hund zu der falschen Schüssel läuft (was eigentlich nicht passieren sollte), kann er sich nicht sofort die Belohnung nehmen. Nachdem Sie geclickt haben, wenn er zur richtigen Schüssel läuft, gehen Sie hin, heben die Schüssel hoch und lassen ihn das Leckerchen nehmen.

Wenn Sie nun Ihren Hund zur Pylone schicken können und von da aus nach rechts oder links, ohne dass er Fehler macht, können Sie eine weitere Schüssel in die Mitte stellen. Dort befindet sich nie ein Leckerchen – sollte Ihr Hund dort einmal hinlaufen, kommentieren Sie es mit dem Fehlerwort und versuchen es erneut.

Diese Grundübungen sollen erreichen, dass der Hund Ihre Richtungsanweisungen lernt und versteht. Ist das

Das Apportel liegt erst direkt links von der Pylone, später hinten links.

der Fall, können Sie beginnen, mit den Apporteln zu üben.

Legen Sie ein Apportel rechts und eines links aus, lassen Sie anfangs in der Mitte eine Lücke. Stellen Sie den Hund an die Pylone. Vorteilhaft wäre es, einen Helfer zu haben, der zur Not den Hund daran hindern kann, das falsche Apportel zu bringen. Falls Sie allein trainieren müssen, ist es sinnvoll, anfangs erst eine Hantel mal links und mal rechts auszulegen, um dem Hund keine Möglichkeit zu bieten, Fehler zu machen. Sie können auch mit einem gebogenen Zelthering das »falsche« Apportel am Boden befestigen, damit der Hund sich nicht durch das Aufnehmen selbst belohnen kann.

Normalerweise sollte der Hund aber bei einem gründlichen Übungsaufbau keine Fehler mehr machen. Schicken Sie den Hund mal zum rechten und mal zum linken Apportel. Anfangs beclicken Sie ihn schon für das Hinlaufen zur richtigen Hantel, dann für das Aufnehmen und schließlich für den gesamten Apport. Schließlich schicken Sie ihn zuvor zur Pylone, von da aus dann weiter nach rechts oder links. Erst wenn das sicher klappt, beginnen Sie, in der Mitte ein Apportel auszulegen.

Richtungsapport

Nun sollten Sie mit dem Hund trainieren, dass er beim Auslegen der Apportel durch den Ringsteward zusieht. Das bietet insofern einen Vorteil, da er weiß, welche Übung nun kommt. Der Nachteil kann sein, dass ein apportierfreudiger Hund dann direkt zu den Apportierhölzern rennt, ohne an der Pylone zu stoppen. Dies müssen Sie also bei einem solchen Hund erneut getrennt üben. Sie könnten besonders gutes Futter auf den Teller an der Pylone legen oder seinen Lieblingsball.

Der Ringsteward geht mit den drei Hölzern zur Pylone, von dort aus zehn Schritte weiter, dann geht er zuerst an die Seite, die ausgelost wurde. Dort legt er das zu bringende Apportel ab. Dann geht er zur Mitte, legt das dortige Holz ab, schließlich als Letztes das nicht zu bringende Holz. Das ist schwierig für den Hund, da das zuletzt abgelegte ihm am meisten im Gedächtnis ist. Stellen Sie sich mit Ihrem Hund vor der Pylone auf und schicken eine Hilfsperson, die die Apportel wie beschrieben auslegt. Beclicken Sie den Hund, wenn er dabei zusieht. Wenn er das sicher tut, können Sie sogar ein Kommando dafür einführen, zum Beispiel »guck zu«. Falls Sie es schaffen, können Sie den Hund nur beim Auslegen des ersten Holzes zusehen lassen und ihn danach mit dem Kommando für »schau mich an« wieder auf sich konzentrieren. Allerdings sind viele apportierfreudige Hunde schlecht dazu zu bewegen, den Blick vom Ringsteward abzuwenden.

Für einen Hund, der gar kein Interesse am Ringsteward mit den Apporteln zeigt, kann man einige Tricks ausprobieren. Der Helfer selbst kann Futter für den Hund mitnehmen und den Clicker des Hundes halten. Er geht nur einige Schritte vom Hund weg und macht mit Geräuschen auf sich und das Apportel aufmerksam. Der Hundeführer sollte sich absolut passiv verhalten, während der Hund bei Fuß sitzt. Sobald der Hund einen Bruchteil einer Sekunde hinsieht, was der Helfer macht, clickt dieser und wirft dem Hund Futter zu. Wenn der Hund aus der Grundstellung aufsteht, ist das in diesem Fall in Ordnung, denn er soll lernen, dass der Helfer spannend ist. Nach und nach macht der Helfer weniger Geräusche, bewegt nur noch das Apportel Richtung Boden und geht immer weiter weg. Der Hund soll immer länger hinsehen und bekommt also erst nach längerem Hinsehen seinen Click. Machen Sie kleine Schritte und trainieren Sie diese sehr sorgfältig!

Nun können Sie die Übung als Ganzes probieren. Stellen Sie sich mit Ihrem Hund bei Fuß auf, lassen den Helfer die Apportel wie beschrieben auslegen. Belohnen Sie Ihren Hund, wenn er zusieht. Schicken Sie ihn zur Pylone. Belohnen Sie ihn dort. Anschließend schicken Sie ihn weiter und lassen ihn das Apportel heranbringen. Belohnen Sie ihn großzügig!

16

Schicken in die Box – Klasse 3

In der Klasse 3 müssen Sie den Hund erst zu einer Pylone schicken und von da aus im 90° Winkel nach rechts oder links in die Box, die sich von Ihrem Ausgangspunkt etwa 25 m entfernt befindet. Die Pylone ist 10 m von Ihrem Ausgangspunkt entfernt, die Box von dieser etwas mehr als 20 m rechts oder links.

Stellen Sie Ihren Hund an die Pylone und bauen Sie eine Box rechts und eine Box links auf. Stellen Sie in eine der beiden den Futterteller. Schicken Sie den Hund von Ihrer Ausgangsposition herüber zum Futterteller. Benutzen Sie dazu ein deutliches Handzeichen und das Kommando für die Box. Wenn Sie dies einige Male wiederholen und den Hund mal nach rechts und mal nach links schicken, sollte er nach allen gründlichen Vorübungen kein Problem damit haben, die Übung schnell zu verstehen.

Hat er große Probleme damit, die Richtung anzunehmen oder die volle Strecke zu laufen, können Sie es ihm in kleinen Schritten erst einfacher machen.

Nehmen Sie zum Beispiel erneut Tupperschüsseln, die weithin sichtbar sind. Schicken Sie ihn erst über eine kleinere Distanz. Zeigen Sie ihm deutlich, wie Sie das Futter auf die Schüssel platzieren. Geben Sie dem Hund die Chance, wirklich zu verstehen, dass er etwas finden wird, wenn er auf Ihr Handzeichen hin nach rechts läuft. Ich empfehle Ihnen, ein anderes Handzeichen zu nehmen als für den Richtungsapport. Halten Sie zum Beispiel beide Hände vor der Brust geschlossen zusammen und »schleudern« dann den jeweils rechten oder linken Arm deutlich weg vom Körper zur Seite. Dieses Handzeichen sollte jedoch nur kurz sein, das heißt, dass der Arm sofort danach wieder heruntergenommen wird. Trainieren Sie oft den gesamten Ablauf, damit der Hund verstehen kann, was von ihm erwartet wird.

17

Wichtiges zu Prüfungen

Um eine Prüfung starten zu dürfen, müssen Sie mit Ihrem Hund die Begleithundeprüfung des VDH ablegen. Sie müssen dazu Mitglied in einem VDH-Verein sein, entweder in Rassezuchtvereinen, wie zum Beispiel dem Club für Britische Hütehunde, dem Schäferhundeverein oder einem der vielen anderen, oder aber einem Hundesportverein wie zum Beispiel einem DVG-Verein oder einem swhv-Verein. Wichtig ist nur, dass es ein Verein ist, der dem VDH angehört.

Wenn Sie sich entscheiden, auf Prüfungen zu starten, sollten Sie bedenken, dass Sie dort nie Futter oder Spielzeug mit in den Ring nehmen dürfen. Arbeiten Sie also dann im Training konsequent ohne Futter in der Hand. Trainieren Sie immer wieder einmal so, als ob Sie in einer Prüfung wären. Der Hund soll also mehrere Übungen nacheinander absolvieren, ohne zwischendurch eine Belohnung zu bekommen.

Nehmen Sie dazu aber nur Übungen, die der Hund wirklich gut beherrscht. Sie können zum Beispiel in Ihrer Trainingsgruppe im Verein einmal im Monat Prüfung »spielen«, wobei ein Trainingskollege der Richter ist und einer der Ringsteward. Sie können den Hund auch daran gewöhnen, dass die Belohnungen außerhalb des Trainingsplatzes liegen und Sie erst nach dem Click gemeinsam mit ihm dorthin laufen, um sie zu holen. Wenn der Hund das so kennt, wird es ihm in der Prüfung »normal« erscheinen, dass Sie den Ball oder die Leckerchen draußen lassen.

Planen Sie die Fahrt zum Prüfungsort gut. Ihre Nerven werden sicher angespannt genug sein. Packen Sie alle Sachen bereits am Vorabend zusammen. Denken Sie an Wasser, eine Decke, einen Napf, einen Bodenhaken, eventuell eine Hundebox, bei sonnigem Wetter bietet eine Strandmuschel Schatten. Außerdem brauchen Sie tolle Leckerlis, die Leine, den Impfpass, eine Kopie der Haftpflichtversicherung und die Leistungsurkunde (die müssen Sie bei Ihrem Hundesportverein/Rassezuchtverein bestellen).

Handelt es sich um eine internationale Prüfung, benötigen Sie außerdem die Ahnentafel Ihres Hundes.

Außerdem sollten Sie eine gute Wegbeschreibung haben, besser noch ein Navigationssystem für Ihr Auto. So gehen Sie sicher, dass Sie sich nicht verfahren und Ihre Nerven schonen. Fahren Sie früh genug los, damit Sie noch Zeit haben, mit Ihrem Hund spazieren zu gehen und sich die Umgebung anzusehen.

Checkliste:
Mitnehmen zur Prüfung

- Wasser
- Napf
- Hundedecke
- Bodendecke
- Hundebox
- Evtl. Schattenspender
- Leckerlis/Ball
- Leine
- Impfpass
- Kopie der Haftpflichtversicherung
- Leistungsurkunde
- Wegbeschreibung

In der Prüfung dürfen Sie keine Körperhilfen geben und nicht mit dem Hund reden, außer wenn Sie Kommandos geben. Trainieren Sie auch das. Lassen Sie sich im Training beobachten, denn oft schleichen sich Körperhilfen ein, die man selbst gar nicht bemerkt. Bemühen Sie sich, zu lächeln. Wenn Sie lächeln, sind Sie in einer guten Stimmung. Dies merkt auch Ihr Hund und vor allem der Richter. Ärgern Sie sich nicht, wenn eine Übung nicht gut läuft. Sehen Sie es als Trainingseinheit. Seien Sie nicht enttäuscht, denn auch das spürt Ihr Hund und wird sich eventuell verunsichern lassen, da er merkt, dass etwas falsch war.

Ich wünsche Ihnen viel Spaß beim Training und viel Erfolg auf Prüfungen!

Danksagung

Danke an meine Eltern für all die Unterstützung und Hilfe!

Ich danke all meinen Schülern, von denen ich immer wieder so viel lerne. Außerdem danke ich all meinen »Models« für immer wieder geduldiges Absolvieren der Übungen, besonders Gitta mit Aldo und Melanie mit Sherin und Elva.

Ein besonderer Dank geht an Heike Westermann und ihren Hundebuchnewsletter, du hast mir sehr geholfen!

Natürlich danke ich all meinen Korrekturlesern für ihre Zeit und die Mühe und die Inspirationen, das sind Gitta, Melanie und Heike.

Natürlich gilt mein spezieller und liebster Dank meinen Hunden, einfach dafür, dass ich sie habe und sie mich immer wieder zum Lachen bringen und mir neue Rätsel aufgeben.

Danke auch an den Kynos Verlag, der dieses Projekt so spontan umsetzte.

Kontakt zur Autorin:
www.hundeschule-friesland.de

Quellen

Quellennachweis

Jean Donaldson – Hunde sind anders, 2000, Kosmos Verlag

Brigitte Lau – Obedience, 2001, Oertel und Spoerer

Denise Nardelli – Dogdance, 2002, Cadmos Verlag

Turid Rugaas – Calming Signals, 2001, Animal Learn Verlag

Empfehlungen der Autorin zum Weiterlesen:

Sabine Winkler – So lernt mein Hund, 2001, Kosmos Verlag

Viviane Theby – Schnüffelstunde, 2003, Kynos Verlag.

Viviane Theby und Michaela Hares – Wir schnüffeln weiter, 2004, Kynos Verlag.

Morgan Spector – Clicker Training for Obedience, (engl.) 1999, Morgan Spector Sunshine Books

Sophia Yin

Wie der Mensch, so sein Hund
Erziehungsprogramm für Hundehalter

Eigentlich ist es ganz einfach, das Beste aus seinem Hund herauszuholen: Man muss nur das Richtige tun! Diese so banal klingende Tatsache erweist sich oft als tückenreich, wenn uns die klare Vorstellung davon fehlt, was wir erreichen wollen und wie. Dr. Sophia Yin, selbst Dozentin für Haustierverhalten an der University of California und anerkannte Tierverhaltenstherapeutin, erklärt wissenschaftlich fundiert und zugleich humorvoll-eingänglich, wie positive Bestärkung in der Praxis wirklich funktioniert. Tiertraining ist ein Handwerk, das man mit diesem Buch lernen kann.
256 Seiten, s/w-Zeichnungen, ISBN 3-938071-13-3
19,90 € (D), 20,50 € (A), 34,90 CHF

Kynos Verlag Dr. Dieter Fleig GmbH
D-54570 Mürlenbach/Eifel • Am Remelsbach 30
Telefon: 06594/653 • Fax: 06594/452 • www.kynos-verlag.de